Para compreender hoje a cultura do mundo ocidental é necessário o conhecimento dos textos que a Grécia e Roma nos legaram.

CLÁSSICOS GREGOS & LATINOS

1. *As Aves,* Aristófanes
2. *Laques,* Platão
3. *As Catilinárias,* Cícero
4. *Oresteia,* Ésquilo
5. *Rei Édipo,* Sófocles
6. *O Banquete,* Platão
7. *Prometeu Agrilhoado,* Ésquilo
8. *Górgias,* Platão
9. *As Bacantes,* Eurípides
10. *Anfitrião,* Plauto
11. *Histórias – Livro I,* Heródoto
12. *O Eunuco,* Terêncio
13. *As Troianas,* Eurípides
14. *As Rãs,* Aristófanes
15. *Histórias – Livro III,* Heródoto
16. *Apologia De Sócrates • Críton,* Platão
17. *Fedro,* Platão
18. *Persas,* Ésquilo
19. *Formião,* Terêncio
20. *Epídico,* Plauto
21. *Hípias Menor,* Platão
22. *A Comédia Da Marmita,* Plauto
23. *Epigramas – Vol. I,* Marcial
24. *Hípias Maior,* Platão
25. *Histórias – Livro VI,* Heródoto
26. *Epigramas – Vol. II,* Marcial
27. *Os Heraclidas,* Eurípides
28. *Histórias – Livro IV,* Heródoto
29. *Epigramas – Vol. III,* Marcial
30. *As Mulhers Que Celebram As Tesmofórias,* Aristófanes
31. *Histórias – Livro VIII,* Heródoto
32. *Fedra,* Séneca
33. *A Comédia Dos Burros,* Plauto
34. *Os Cavaleiros,* Aristófanes
35. *Epigramas – Vol. IV,* Marcial
36. *Filoctetes,* Sófocles
37. *Cásina,* Plauto
38. *Histórias – Livro V,* Heródoto

As Bacantes

Tradução: Maria Helena da Rocha Pereira

Capa: F.B.A.

Depósito Legal nº 324102/11

Biblioteca Nacional de Portugal - Catalogação na Publicação

EURÍPIDES, ca 480-406 a.C.

As bacantes. - Reimp. - (Clássicos gregos e
latinos ; 9)
ISBN 978-972-44-1653-3

CDU 721.14'2-2"-04"

Impressão e acabamento:
DPS - Digital Printing Services, Lda
para
EDIÇÕES 70, LDA.
Outubro, 2020

ISBN: 978-972-44-1653-3
ISBN da 1ª edição: 972-44-0853-1

EDIÇÕES 70, Lda.
LEAP CENTER – Espaço Amoreiras
Rua D. João V, n.º 24, 1.03
1250-091 Lisboa – Portugal
e-mail: geral@edicoes70.pt

www.edicoes70.pt

Eurípides
As Bacantes

Introdução, tradução do grego e notas de Maria Helena da Rocha Pereira
Professora da Faculdade de Letras da Universidade de Lisboa

70

Introdução

Em 408 a.C., após a representação de *Orestes*, Eurípides deixou Atenas, em direcção à Macedónia, cujo rei, Arquelau, o convidara para a sua corte. Ficava para trás uma longa carreira dramática, iniciada em 455 a. C., e premiada, pela primeira vez, em 441 a.c.[1]A distinção máxima, poucas vezes mais lhe fora outorgada, mas, quando, não muito depois de 406 a.C., ano da sua morte, seu filho levou à cena, nas Dionísias Urbanas, a trilogia formada por *Ifigénia em Áulide, Alcméon* e *As Bacantes*, essa obra ganhou postumamente o primeiro prémio[2].

Se não dispuséssemos desses dados cronológicos, seríamos talvez tentados a supor que a peça de que vamos ocupar-nos era das mais antigas. Efectivamente, o papel de relevo dado ao coro — quer na extensão das partes líricas, quer na expectativa criada em volta do seu destino — e o regresso, num ponto crucial do drama, ao diálogo em tetrâmetros trocaicos[3], bem como o uso do refrão, são características que se consideram próprias dos

---

[1] Dados fornecidos, respectivamente, pela bibliografia do poeta por Sátiro (*Vita Euripidis* 32) e pelo *Marmor Parium* 60.

[2] A informação sobre o nome das peças (de que se conserva também a primeira) e sobre a sua apresentação por Eurípides-o-Moço consta de um escólio ao v.67 de *As Rãs* de Aristófanes.

[3] A informação de que o tetrâmetro trocaico veio a ser substituído, à medida que a tragédia evoluía, pelo trímetro iâmbico, mais próximo da linguagem

primórdios da tragédia. É, portanto, uma obra voluntariamente arcaizante[4].

O mito — reacção de um monarca à introdução do culto dionisíaco e subsequente castigo pelo deus — não estava, aliás, a ser tratado pela primeira vez. O argumento de Aristófanes de Bizâncio tem o cuidado de explicar que ele já fora dramatizado no *Penteu* de Ésquilo. O mesmo Ésquilo compusera uma trilogia, também perdida, a *Licurgeia*, em que mostrava uma situação semelhante vivida pelo trácio Licurgo.

Se o teatro grego nasceu, como muitos, na esteira de Aristóteles, supõem, à sombra do culto dionisíaco e se a exclamação atribuída por várias fontes a espectadores perante tragédias de entrecho alheio a esse culto — "isto nada tem a ver com Diónisos!" — convergem para sustentar a hipótese de terem sido mitos relativos a esse deus os temas escolhidos originariamente[5], então será de crer que muitos dramas nesse âmbito se perderam. Em todo o caso, o hábito de dramatizar entrechos desse género não estava perdido em 415 a.C., quando o desconhecido Xénocles obteve o primeiro lugar nas Grandes Dionísias com umas desaparecidas *Bacantes*, ficando *As Troianas* de Eurípides em segundo.

Por outro lado, sabe-se que na altura em que o trágico ateniense foi para a Macedónia, e mesmo mais tarde, se praticava

---

falada, parte de Aristóteles, *Poética* 1449 a 21-28. O passo referido vai de vv. 604 a 641 e tem, aliás, precedentes noutras tragédias tardias do autor, como *Helena, Íon, Orestes*.

[4] O primeiro a notar este carácter arcaizante parece ter sido Murray, *Euripides and his Age*, 19 e 280 (a observação é de M. Arthur, "The choral odes", 145, n. 1). Para uma enumeração mais completa dos arcaísmos formais da peça, veja-se a edição de Dodds, XXXVI - XXXVIII (que citaremos só pelo nome do autor).

[5] A frase, já os antigos a explicavam de várias maneiras. Pode ver-se uma cuidadosa discussão e interpretação dos factos em A.W. Pickard-Cambridge, *Dithyramb, Tragedy and Comedy* (Oxford 2nd. rev. ed. by T.B.L. Webster 1962) 124-126, que conclui cepticamente (p. 126): "temos a ver, não com história, mas com adivinhação". Mais recentemente, R. P. Winnington-Ingram in P.E. Easterling and B. M. W. Knox, eds., *The Cambridge History of Classical Literature, I. Greek Literature* (Cambridge 1986) 261, afirma simplesmente que a expressão "pode sugerir que a introdução de mitos não-dionisíacos deu origem ao protesto".

aí o culto dionisíaco na sua forma primitiva[6]. Ora, para quem se sentia atraído por mitos susceptíveis de evidenciar o elemento irracional no comportamento humano — e vários dramas o comprovam, desde *Medeia* a *Orestes*[7] — estas práticas religiosas forneciam um tema de eleição. Se é esse ou não o sentido principal da peça, tentaremos dilucidá-lo. Vejamos primeiro as características dessa manifestação religiosa.

O culto dionisíaco

De Diónisos ou Baco ou Brómio — para só citar os nomes mais correntes do deus — os Poemas Homéricos pouco dizem, embora conheçam já a lenda do rei Licurgo da Trácia, por se lhe ter oposto[8]. Por sua vez Heródoto 2.49 afirma que esse culto é de introdução recente na Grécia.

Assim se pensou, por conseguinte, durante muitos séculos. Os progressos na decifração do linear B vieram, porém, demonstrar que o deus era venerado em tempos micénicos, uma vez que o seu nome figura, pelo menos, em duas tabuinhas de Pilos, a que recentemente se juntou mais outra. Por outro lado, escavações da ilha de Ceos comprovam a prática do seu culto, naquele local, sem descontinuidade, desde o séc. XV a.C.

De qualquer modo, era sentido como intromissão estranha (trácia ou frígia talvez; a peça de Eurípides refere por três vezes as montanhas da Lídia e da Frígia — vv. 13, 55, 86) e a realização dos mistérios, tal como vamos recordá-los, essa, está documentada desde o começo do séc. V a.C. ao séc. IV d.C.,

---

[6] A fonte de informação é Plutarco, *Alexandre* 2, citada por Dodds XXII-XXIII e n.1. O mesmo helenista, em *The Greeks and the Irrational* (Berkeley 1951), Appendix I, sugere ainda outras razões para estimular o interesse do poeta por este tema.

[7] Não é de mais recordar que foi um artigo de Dodds, "Euripides the Irrationalist", publicado em 1929, na *Classical Review* e reimpresso na colectânea do autor *"The Ancient Concept of Progress and Other Essays on Greek Literature and Belief* (Oxford 1973) 78-91, que pela primeira vez pôs em evidência a importância desta vertente do teatro de Eurípides.

[8] *Ilíada* 6.130-140. Outro passo da mesma epopeia (14.325) e dois da *Odisseia* (11.325 e 24.74), são breves alusões apenas. Embora não vamos ao ponto de grafar o nome principal do deus totalmente à grega, como Sophia de Mello-Breyner, manter-lhe-emos a acentuação e a desinência da língua original.

numa vasta área, que vai do Mar Negro ao Egipto, da Ásia Menor à Itália do Sul[9]. A estranheza causada pelos rituais tão avessos à mentalidade grega, o castigo recebido por quem se lhe opunha, tentando reprimir forças incontroláveis, tudo isso se reconhece em mitos como os já referidos: o de Licurgo e o de Penteu. No caso deste último, pode mesmo haver reminisciências de uma fase em que a vítima fosse humana.

Diónisos era, em primeiro lugar, deus da fertilidade agreste, que tinha como símbolos vegetais a hera e a videira. Como tal, era também deus do vinho, potencial causador de alterações da consciência que fazem supor a intervenção de uma divindade. Mas não é essa a via normalmente seguida para atingir o êxtase, ou seja, a sensação da presença do deus, a alienação momentânea da personalidade, substituída pela de Diónisos. Há todo um conjunto de actuações que preparam esse momento. Trienalmente, em pleno Inverno, descalças e com vestes ligeiras, mulheres em grupo — o chamado tíaso — subiam às altas montanhas cobertas de neve e aí, ao som da música de flauta e tamboris, efectuavam correrias e frenéticas danças (*oreibasia*), apanhavam e dilaceravam um animal selvagem (*sparagmos*) e, finalmente, comiam-no cru (*omophagia*), alcançando assim o referido êxtase. Todos estes actos estão magnificamente expressos no párodo de *As Bacantes*, 105-167, a mais completa fonte de informação que possuímos. Um sem-número de vasos gregos, entre os séc. VI e IV a.C. documenta graficamente algumas dessas cenas.

Baco tinha o seu cortejo mítico de Sátiros e Ménades, pois "o êxtase dionisíaco não é obra de um indivíduo isolado, mas um fenómeno de massas, que arrebata as pessoas à sua volta de forma quase contagiante. Isso exprime-se miticamente, dizendo que o deus está sempre rodeado de um enxame enfurecido de devotos e devotas"[10]. Este tipo de fenómenos, estas manifestações colectivas de delírio, que não admitem a passividade de quem os contempla, irrompe com frequência em diversas épo-

---

[9] Dados concretos em Walter Burkert, *Ancient Mystery Cults, passim.* Em Roma, atingiram tais excessos que acabaram por ser proibidos pelo Senado: é o célebre *Senatusconsultum de Bacchanalibus*, de 186 a.C.

[10] A frase é de W. Burkert, *Griechische Religion der archaischen und klassischen Epoche* (Stuttgart 1977), 252.

cas, povos e lugares, com motivações distintas, e não é alheio ao nosso tempo[11].

Pode levar a atitudes extremas, com consequências graves, quando não horripilantes. É o que sucede na peça que nos propomos apresentar.

Análise do drama

Conforme era prática corrente em Eurípides, uma figura narra, no prólogo (1-63), os pressupostos da acção que vai desenvolver-se. Somente aqui o narrador é um deus — Diónisos — que vai ser também protagonista, o que constitui um exemplo único em todas as tragédias gregas conservadas.

Diónisos apresenta-se de imediato como deus e celebrante do seu próprio culto. Refere o seu percurso, desde a Lídia e a Frígia e outras terras da Ásia Menor até à cidade de Tebas — ele, filho de Sémele e de Zeus. Porém as outras filhas de Cadmo negam a sua ascendência divina e pretendem que, se Sémele foi fulminada pelo raio, isso não se devia a ter contemplado o deus supremo com os seus atributos de deus do trovão, mas a um castigo que este lhe inflingira por se jactar de ter sido sua amada. Tal insolência tem de ser severamente castigada. As filhas do velho rei e as outras mulheres tebanas já foram, aguilhoadas pelo delírio báquico, para as montanhas, celebrar os rituais. E o actual rei de Tebas, Penteu, que se recusa a venerá-lo, será vítima de tão grande ousadia, se não se submeter.

---

[11] Podem ver-se exemplos vários desses fenómenos na introdução de Dodds à sua edição de *As Bacante* , XIV-XVI. Não foi, no entanto, esta forma primitiva de culto a que se praticou em Atenas. A cidade limitava-se a mandar ao monte do Parnasso uma delegação de mulheres. Mas, para honrar o deus dentro dos muros, organizou quatro grandes festas anuais, por ordem de antiguidade, as Antestérias, as Leneias, as Dionísias Rurais e as Dionísias Urbanas ou Grandes Dionísias. Se a primeira tem a ver com a prova competitiva do vinho novo, e a terceira comportava um cortejo que se destinava o obter a fertilidade, a última era uma das mais esplendorosas festas da Grécia, formada por múltiplas cerimónias, umas de carácter cívico, outras religioso, entre as quais tomam lugar de relevo os espectáculos dramáticos, aqui apresentados pela primeira vez.

É o que o deus profetiza desde logo, embora sem precisar as terríveis condições em que a vingança vai consumar-se. Um ponto fica, porém, desde já bem esclarecido: é que ele tomou o aspecto de um mortal e abandonou a sua forma, "mudando-a para a de figura humana" (53-54). É com esta figura humana de celebrante e missionário do seu próprio culto que ele aparecerá todo o tempo aos olhos dos mortais, até à revelação final *ex machina.*

Os últimos versos do prólogo contêm um apelo às Bacantes da Ásia, que logo vão entrar em cena para cantar o párodo, ao som de tamboris e de flautas. Fica desde logo bem claro que teremos dois tíasos diferentes: este, que, de acordo com a prática do drama grego, ficará todo o tempo em cena; e o que é constituído pelas três princesas reais e pelas outras mulheres de Tebas, o "coro invisível", como lhe chamou H. D. F. Kitto[12].

O párodo (64-169), como já vimos, é uma das melhores fontes para o conhecimento desta prática religiosa: referências concretas repetidas ao traje e insígnias das Bacantes, à dança nas montanhas, à música, à caça do animal selvagem, e uma alusão discreta à omofagia. Mas, para além disso, reconhece-se nele, desde a cuidadosa análise de Festugière, uma estrutura que o aparenta aos hinos de culto, com os seus três elementos característicos: *physis* (natureza e atributos do deus), *genos* (genealogia), *dynamis* (poder, campo de acção, feitos, invenções); o primeiro é o tema da primeira estrofe, o segundo o da respectiva antístrofe, o terceiro da segunda antístrofe; o epodo, por sua vez, serve de conclusão geral a todo o conjunto, descrevendo a felicidade da Bacante[13]. Uma despreocupada alegria, em comunhão com o deus e com a natureza, é aqui a tónica deste longo canto, cheio de força e frescura.

---

[12] *Greek Tragedy* (London ^{3}1961) p. 381. Cf. R. P. Winnington-Ingram, *Euripides and Dionysos,* 153.

[13] A.J. Festugière, "La signification religieuse de la parodos des Bacchantes", 75-76 *et passim.* Se é possível detectar também aqui traços do ditirambo (designadamente na narrativa do nascimento de Diónisos e na invenção do tamboril ou mesmo na transição do ditirambo processional para o estático, como pretende R. Seaford, "Dionysiac drama and the Dionysiac Mysteries", 270-271), afigura-se-nos pura especulação.

O primeiro episódio (170-369) põe em cena, primeiramente, os dois anciãos que aderiram ao novo culto e se preparam para ir celebrá-lo na montanha, com a indumentária adequada — Cadmo, o velho rei de Tebas, e Tirésias, o adivinho. Logo a seguir, Penteu, o rei actual, entra em estado de grande excitação, devido ao desvario que acometeu as mulheres tebanas, anuncia as medidas já tomadas e a tomar e promete castigar o "mago com encantamentos, vindo do país da Lídia" (233-234). Só então se apercebe da presença do avô e do adivinho. Uma longa altercação entre os três nada resolve, antes leva Penteu a reforçar as suas ameaças.

Tem-se discutido muito sobre as intenções do autor nesta cena, e alguns divisam nela elementos cómicos, designadamente na insistência no motivo do rejuvenescimento e na necessidade que os dois anciãos têm de se apoiar um no outro para poderem andar (especialmente 193 — "eu, que sou um velho, vou conduzir outro velho, como quem leva uma criança" — e 364-365 — "faz por apoiar o meu corpo, e eu o teu. É vergonha que tombem dois anciãos"). Diversos são os autores que se têm pronunciado a favor da interpretação cómica[14]. Cremos, no entanto, que o próprio texto a exclui, através da prevenção que coloca na boca de Tirésias (204-209):

> Haverá alguém que diga que não tenho respeito pela minha velhice, ao preparar-me para dançar, de cabeça coroada de hera? É que o deus não distingue se é o jovem ou o mais idoso o que deve dançar, mas da parte de todos quer receber honrarias por igual, quer ser engrandecido sem discriminar ninguém.

De qualquer modo, a voz do adivinho é a da sabedoria dos deuses. A verdadeira sabedoria que, como veremos é um dos conceitos-chave desta peça.

---

[14] Em especial B. Seidensticker, "Comic elements in Euripides' Bacchae", que refere as principais teorias e defende a intenção caricatural. Nega-o Manuel de Oliveira Pulquério, "Um testamento ideológico: As Bacantes de Eurípides", 28-29.

Sobre o motivo do rejuvenescimento em Eurípides, vide infra, n. 17 à tradução.

A mesma questão se põe quanto à cena da investidura de Penteu, vv. 912 sqq., que Seidensticker igualmente tem por caricatural.

Horrorizado com as blasfémias e ameaças proferidas pelo rei, o Coro entoa o primeiro estásimo (370-433), invocando, logo de entrada, *Hosia,* a Reverência que tudo comanda (370-374):

Reverência, senhora dos deuses,
Reverência, que sobre a Terra
passas tua asa dourada,
ouves de Penteu as palavras?

O *topos* da verdadeira sabedoria regressa na antístrofe primeira, e o desejo de paz e simplicidade na segunda antístrofe. Entre ambas, situa-se a segunda estrofe, um daqueles belos cantos em que se expande o desejo de evasão[15].

No segundo episódio (434-518), temos o primeiro confronto directo entre Penteu e Diónisos, que um servo (provavelmente acompanhado por outros) traz, algemado, à presença do rei. Este interroga o prisioneiro, que lhe responde com frases ambíguas, cujo sentido mais profundo ele está demasiado obcecado para poder desvendar. Assim sucede neste passo (498-502):

PENTEU

Guardaremos o teu corpo dentro da prisão.

DIÓNISOS

O deus em pessoa me libertará, quando eu quiser.

PENTEU

Certamente, quando estiveres no meio das Bacantes e o invocares.

DIÓNISOS

E mesmo agora, ele está perto de mim e vê o que eu sofro.

---

[15] Outro exemplo célebre é o estásimo segundo de *Hipólito,* especialmente vv. 731-751. A propósito do cântico do Coro de que estamos a tratar, Dodds fez este resumo perfeito: "As ideias mestras da cena de Cadmo e Tirésias renovam-se nesta ode e recebem uma expressão emotiva" (p. 117).

PENTEU

E onde é que ele está? Aos meus olhos, pelo menos, não é visível.

DIÓNISOS

Está onde eu estou. Mas tu, devido à tua impiedade, não o avistas.

E culmina na frase final, que o deus profere enquanto é levado pelos servos[16] (518):

Porque ao fazeres mal a mim, é a ele que queres pôr a ferros.

Ameaçado por Penteu e privado do seu chefe que acaba de ser feito prisioneiro, o Coro traduz, num curto estásimo (519--575) a sua inquietação perante o futuro que o espera.

O terceiro episódio (576-861) principia por um diálogo lírico entre o assustado Coro e Diónisos, cuja voz sai de dentro do palácio, desta vez identificado aos ouvidos das Bacantes como o próprio filho de Zeus e de Sémele (581). É um dos passos mais discutidos da tragédia, uma vez que é entre os vv. 576-603 que se dão os chamados "milagres do palácio", que depois parecem ser ignorados. Refere-se, efectivamente, um tremor de terra e um trovão (585); em seguida, o Coro prediz que o palácio de Penteu "será abalado até cair" (587), e observa que um pouco da arquitrave se deslocou (591-592); logo o deus convoca o raio para incendiar o edifício, e a chama ergue-se sobre o túmulo de Sémele (594-599).

No tempo da hermenêutica racionalista (Norwood, Rose e, sobretudo, Verrall), todos estes factos eram dados como meras alucinações do Coro. Mas já Kitto notou que o facto de tais acontecimentos não serem mais referidos apenas significa que não se trata de uma destruição total (a parte onde estava encer-

[16] Dodds pensa (p. 142) que, ao dizer estas palavras, Diónisos está já a ser levado pelos guardas, e que Penteu não as ouve, pois provavelmente saiu após ter proferido o v. 514.

rado Diónisos ficava por trás do palácio) e que, além disso, um acontecimento que deixa de ser dramaticamente relevante não costuma ser mencionado de novo no teatro grego[17].

Com o Coro prostrado em adoração, o estrangeiro aparece, liberto de cadeias e, num diálogo em tetrâmetros trocaicos, como já vimos, narra os extraordinários factos ocorridos no interior: a luta inglória com o touro e com um fantasma, que haviam deixado Penteu exausto, enquanto o detido observava, tranquilo, os ilusórios acontecimentos.

Durante a terceira parte deste episódio, o monarca sai do palácio, muito agitado, e fica estupefacto ao deparar-se-lhe o estrangeiro, que julgava ter fugido. Eis, porém, que um mensageiro, pastor das montanhas, vem narrar os fenómenos que presenciou: as fontes de leite, vinho ou mel que as Bacantes faziam brotar do solo, a força sobre-humana com que haviam resistido aos seus agressores e destruído rebanhos.

Esta longa narrativa (e a frequência do elemento miraculoso neste drama obriga à heterodiegese) termina com uma advertência a Penteu, para que se renda ao poder do deus. Mas Penteu, cada vez mais exasperado, objecta que não há que hesitar mais e dá ordens aos seus homens para atacar.

Após a saída do boieiro, principia o diálogo decisivo com Diónisos, primeiro calmo e, pelo menos aparentemente, conciliador. A grande viragem situa-se na exclamação do v. 810, quando, perante a decisão irredutível de Penteu, o deus experimenta outra técnica. Dodds, que cita a este propósito a observação de Murray, de que a partir do verso seguinte o rei parece perder o domínio do seu próprio espírito, depois de negar que se trata de uma cena comparável ao hipnotismo, explica-a deste modo: "O que acontece é antes o começo de uma invasão psíquica, a entrada do deus na sua vítima, que, na velha crença, era também seu veículo"[18].

---

[17] *Greek Tragedy,* 376-377. Seguem-no Dodds, 148-149, e Kirk, 74 (na sua versão comentada, que citaremos só pelo nome do autor).

Este último acrescenta mesmo: "Diónisos disfarçado refere tanto o fogo como o tremor de terra em 627 sqq.; se não tivessem lugar, também o não teve a reacção histérica de Penteu, e toda a cena central fica fatalmente enfraquecida".

[18] P. 172.

Aliciado pelas promessas de Diónisos, o rei vai sucessivamente aceitando todas as propostas que lhe repugnam, a fim de poder observar o comportamento das Bacantes: vestir-se de mulher (828), pôr uma longa cabeleira (831), empunhar o tirso e enfeitar-se com uma pele de veado (835), atravessar a cidade (840). Nas suas últimas palavras antes de entrar no palácio, aparenta ainda a hesitação (843, 845). Mas Diónisos, ao vê-lo partir, está seguro da vitória: "Mulheres, o homem caiu na rede" (848).

O Coro canta o terceiro estásimo (862-911), exprimindo a sua confiança em nova era de paz, gozada na verdejante natureza, e exultando com o triunfo sobre o inimigo. A ode compreende um enigmático refrão, que se interroga sobre a sabedoria, um dos conceitos-chave da peça, como já dissemos, assunto esse ao qual voltaremos adiante[19].

É relativamente breve o quarto episódio (912-976), mas também ele central no desencadear do drama. Penteu atingiu a loucura e o seu traje de bacante é o símbolo exterior da total alteração da personalidade. Avista dois sóis e duas cidades de Tebas e Diónisos afigura-se-lhe ser um touro. Os partidários da explicação racionalista, como Verrall, viam aqui os efeitos da intoxicação pelo vinho, uma ideia, aliás, já defendida na Antiguidade por Clemente de Alexandria[20]. Dodds, que cita este exemplo, refere ainda que ver em duplicado é um sintoma que ocorre em casos de histeria e que a visão animalesca "não é fantasia da embriaguez, mas uma sinistra epifania do deus na sua incarnação animalesca, comparável a visões dos satanistas medievais, que viam o seu mestre com os chifres de um bode".

---

[19] A análise deste estásimo figura na nota 51. Sobre a sabedoria, vide infra, pp. 27-30.

[20] *Protréptico* 12, p. 84,2 Stählin.

[21] P. 193. Retomando, embora, a explicação de Dodds, em artigo recente (1987), R. Seaford, "Pentheus' vision: Bacchae 918-22", propõe uma explicação engenhosa, mas pouco convincente, que de resto, nos parece um regresso ao "racionalismo" de Verrall: é que Penteu vê a dobrar devido a um espelho, seguro por ele ou por Diónisos (para mais pormenores, vide infra, nota 53 do comentário).

Para Michael Parsons, "Self-knowledge refused and accepted: psychoanalytic perspective on the Bacchae and the Oedipus at Colonus", 8, a cena é apenas um exemplo de divisão da personalidade.

Penteu revela-se preocupado com os mais pequenos pormenores do seu aspecto: os anéis do cabelo, o cinto, o cair das pregas da túnica, o modo de empunhar o tirso. O texto aproxima-se tão perigosamente da farsa que alguns autores viram mesmo aqui uma intenção cómica[22]; mas cremos que Hermann distinguiu com justeza os dois níveis de interpretação possíveis, conforme a mentalidade das pessoas: "os boçais rirão, e espera-se que riam, mas, para o espectador sensível, o divertimento transmuda-se em piedade e terror"[23].

O terrível diálogo termina num acumular de exemplos de ironia trágica que se confrontam no ritmo veloz da *antilabê* (meio verso a cada interlocutor): Penteu será "trazido" nos braços da mãe. Diónisos, exultante, dá ordens para serem ouvidas, à distância, pelas Bacantes que estão no Citéron.

No quarto estásimo (977-1023), o Coro regozija-se antecipadamente com o que vai acontecer, que, para ele, representa o triunfo da justiça.

O quinto e último episódio (1024-1152) é quase exclusivamente constituído pela narrativa do Segundo Mensageiro, testemunha presencial da horripilante cena do *sparagmos* de Penteu, dirigida pela própria mãe, que o julga uma fera.

O Coro triunfante dança um breve estásimo (1153-1164) em honra de Baco.

O dilatado êxodo (1165-1392) completa a série de horrores: primeiro, um diálogo quase todo lírico em que, tal como no estásimo anterior, predominam os dócmios (o metro que traduz grande agitação), durante o qual Agave exibe o que julga ser a cabeça de um jovem leão e se vangloria de ter sido a primeira a abatê-lo; depois, o regresso de Cadmo com os restos do cadáver de Penteu e a famosa cena de psicoterapia, em que consegue reconduzir a filha à sanidade mental, dando assim lugar aos lamentos de ambos; por último, as disposições ditadas por Diónisos *ex machina*. Tanto a segunda como a terceira destas partes apresentam lacunas, mas o essencial compreende-se[24]:

[22] Vide supra, nota 14.

[23] Apud Dodds p. 192, que perfilha esta interpretação.

[24] O assunto será analisado e discutido nas notas 81, 84 e 85.

todos os membros da família serão dispersos e castigados. A moral da história é extraída pelo próprio Cadmo (1325-1326):

> Se há aí alguém que desdenhe dos deuses, que ponha
> os olhos nesta morte e creia na divindade.

Cinco versos quase iguais aos que terminam outras tantas peças de Eurípides encerram a tragédia com reflexões genéricas sobre a imprevisibilidade de todos os acontecimentos.

Figuras

Tem-se perguntado qual é a figura principal desta peça — se Diónisos, Penteu ou Agave. Não julgamos que seja nenhuma delas, a despeito de renovadas tentativas no sentido de dar o primeiro lugar à divindade[25], pois não é nas figuras em si que se centra a mensagem do drama.

Tal não impede que elas sejam cuidadosamente delineadas, sem exclusão das figuras menores.

Naturalmente que a do deus é a mais difícil de definir. Os espectadores sabem, desde os três primeiros versos, que ele é o filho de Zeus e de Sémele, e, desde o quarto, que trocou "por uma forma mortal a de um deus".

Mas não assim as diversas figuras nem o Coro. Este compreende, por exemplo, que é a voz do deus que dá ordens no interior do palácio, no começo do terceiro episódio (ele mesmo se identifica, de resto, nos vv.580-581), mas apenas reconhece

---

[25] E. g. por Festugière, "Euripide dans les Bacchantes", 128 e por Helen P. Foley, "The Masque of Dionysus". Já Winnington-Ingram, *Euripides and Dionysus* , reconhecera, porém, que Penteu não ocupa o centro da peça e que o título desta não é efectivamente *Pentheus* , mas *Bacchae* (pp. 160-161). Merece relevo, neste particular, a observação de B. Seidensticker, "Comic Elements in Euripides' Bacchae": "A tensão emocional e ambivalência fascinante das *Bacantes* deriva, em não pequena parte, do facto de a nossa simpatia oscilar, para trás e para a frente, entre Penteu e o deus" (p. 314).

O principal defensor da primazia de Diónisos é G.M.A. Grube, *The Drama of Euripides* , cap. XVI, especialmente p. 399.

nele o seu chefe, quando aparece para as tranquilizar (além de que o próprio atribui a Brómio os actos que acaba de referir, como simples hipótese — "estou a dizer o que se me afigura" — 629). As Bacantes do Citéron, bem como o Segundo Mensageiro, deixam de ver o estrangeiro, quando ouvem uma voz, lá nas alturas, dar e repetir ordens sobre o castigo de Penteu (1077-1081, 1088-1089). Depois disto, o deus só volta a aparecer *ex machina* .

E, contudo, ele é caracterizado com um pormenor que poucas vezes ocorre na tragédia grega. A primeira vez que o encontra, Penteu, que já referira os seus atributos físicos em 234-236, descreve-o deste modo (453-458):

> A verdade é que não és degracioso de corpo, ó estrangeiro, pelo menos para o gosto das mulheres, por quem vieste a Tebas. Os teus cabelos compridos, porque não lutas nas palestras, caem-te pelas faces, plenos de desejo. Graças aos teus cuidados, possuis uma tez branca, conservada, não aos raios do Sol, mas no recato da sombra, e com a tua beleza consegues captar as graças de Afrodite.

Esta aparência faz parte do carácter efeminado que Penteu lhe atribui (353). Mas ele é também o deus da máscara sorridente, que o actor usava durante toda a peça: "é um sorriso ambíguo — aqui [v. 439] o sorriso do mártir, depois, o sorriso do destruidor (1021)"[26]. É própria do duplo carácter do deus e da religião que ensina esta mistura de ferocidade e desejo de paz, quer esta última característica seja uma criação de Eurípides, como afirmou Festugière, quer essa contradição lhe seja inerente desde o começo, como supôs Dodds[27]. De qualquer modo, a

---

[26] Palavras de Dodds, p.131. O uso dessa máscara especial no decurso de toda a representação é suposição deste helenista, retomada por Seidensticker, "Comic Elements in Euripides' Bacchae", p.320, e por Helen P. Foley, "The Masque of Dionysus", p. 108, que além do v. 439, menciona também a afirmação do Coro em 1021. O mesmo Seidensticker, ibidem, n.62, refere a hipótese de T.B.L. Webster, *The Tragedies of Euripides* (London 1967), 269, segundo a qual, ao aparecer como *deus ex machina*, Diónisos usava a habitual máscara com barba. Helen Foley, op. cit., 131, julga essa mudança improvável.

[27] Respectivamente "Euripide dans les Bacchantes", p.138, e "Euripide et les Ménades", p.10; *Bacchae* , p. XLIV. O primeiro destes especialistas interroga-se mais adiante (p. 16 do segundo artigo citado): "como é possível mistu-

severidade da sentença final sobre a casa real de Tebas dimana da inflexibilidade própria dos deuses e é apenas um aspecto do seu modo de ser impassível, que igualmente se evidencia noutras tragédias, quer em relação à Atena do prólogo do *Ájax* de Sófocles, quer à Ártemis do *Hipólito* de Eurípides.

Assim concebido, Diónisos forma um perfeito contraste com o jovem rei de Tebas. À calma imperturbável do deus opõe-se o arrebatamento de Penteu. Muito se tem discutido sobre esta figura, vista por uns como tirano típico da tragédia (Murray, Dodds), por outros como um crítico dos deuses olímpicos (Norwood) ou ainda como o defensor da ordem natural (Burkert); por outros ainda, como o caso ideal para exercitar a psicanálise e mesmo a psicologia das profundidades[28]. Tem-se insistido, em particular, na peocupação obssessiva com a alegada devassidão das Bacantes (216-225, 354, 487, 685-688), no desejo de as observar despertado por Diónisos a partir do v.881, o que poderá reflectir o seu desejo inconsciente, como tem sido reconhecido desde Wilamowitz.

O rei de Tebas apresenta-se, no primeiro episódio, como o soberano consciente dos seus deveres. Mostra-se preocupado e

---

rar, na mesma peça, a mais feroz selvajaria e a sede de uma vida simples e pacífica?" e conclui que a ferocidade era uma recordação dos traços tradicionais do culto dionisíaco; o espírito de paz, uma adição pessoal do poeta. A verdade é que, não obstante as novidades trazidas pela descoberta de novas lâminas de ouro nos últimos tempos, que provam a origem báquica do discurso escatológico que nelas se contém, continuamos a não poder provar até que ponto Eurípides inovou na sua representação do deus. Deixamos aqui de parte o teriomorfismo de Diónisos que aflora na peça através das transformações (mais ou menos aparentes) em touro.

[28] Pode ver-se uma bibliografia bastante completa do tema no recente artigo de Jennifer March, "Euripides' Bacchai: a reconsideration in the light of vase-paintings", (1989) 44, n. 45.

Em relação às interpretações psicanalíticas, remetemos o leitor interessado para artigos como os de William Sale, "The psychoanalysis of Pentheus in the Bacchae of Euripides" e de Michael Parsons, "Self-knowledge refused and accepted: a psychoanalytic perspective on the Bacchae and the Oedipus at Colonus" (o primeiro destes autores, na terceira parte do seu trabalho, chega mesmo a comparar a história de Penteu com um caso psicanalítico publicado numa revista da especialidade). Uma crítica dos excessos cometidos nessa direcção pode ler-se em Hans Diller, "Euripides' final phase: the Bacchae", em Jennifer March, op. cit., e em Manuel Pulquério, "Um testamento ideológico: As Bacantes de Eurípides", 30.

toma medidas contra a nova religião que subverte os padrões normais de comportamento, incluindo os da própria família (215-247), exaspera-se ao ver Tirésias e o avô preparados para celebrar o culto dionisíaco (248-262). Mas já aí se revela o tirano característico, ao acusar Tirésias de ganância e dar ordem para destruir os seus locais sagrados (255-257, 346-351). Como rei temível o descreve o Primeiro Mensageiro antes de começar a falar, como homem irascível, que facilmente perde o autodomínio (668-671). Porém, nas lamentações do êxodo, Cadmo recorda as carícias e cuidados de que o neto o rodeara (1316-1322). Defensor da razão contra o irracional, resiste a todas as demonstrações de que a *sophia* não está onde ele supõe. Realidade e aparência na procura da *sophia* é precisamente um dos grandes temas deste drama, como veremos adiante.

A figura de Agave, muitas vezes referida no decurso da peça, é, na narrativa do Segundo Mensageiro, a mais aguerrida das Bacantes, e como tal se apresenta no v.1168, na sua única, longa, dolorosa actuação, no êxodo. A cena terrível da reconversão da loucura à realidade, operada por Cadmo em termos que os especialistas de hoje elogiam como modelares[29], deixa diante dos espectadores uma mulher dilacerada, a quem aguarda ainda a provação do exílio. Em todo o decurso da peça sob o domínio do delírio dionisíaco, o seu regresso à razão no final do êxodo é uma forma de *anagnorisis* que atinge o ponto mais dramático de toda a tragédia.

Cadmo aparece, no começo da peça, como o político que está atento aos sinais dos tempos para os utilizar em seu proveito. Assim, aceita a versão da origem divina de Diónisos, porque, de qualquer modo, traz lustre à sua linhagem (333-336). No êxodo, porém, é o herói alquebrado, que tem atrás de si um passado glorioso ("eu, Cadmo, o grande, aquele que semeou a raça tebana" — 1314-1315), mas a quem esperam grandes tribulações ("arrastar contra a Hélade uma expedição de uma mescla de bárbaros [...] contra os altares e túmulos helénicos" — 1355,

---

[29] Veja-se, a este respeito, o artigo de G. Devereux, "The psychotherapy scene in Euripides' Bacchae" que mostra como Eurípides condensou um longo processo numa única cena e efectuou um tipo de análise que o consagra como autor do primeiro exemplo conhecido de psicoterapia.

1359-1360) e, pior ainda, nem sequer navegará "pela corrente do Aqueronte abaixo para aí encontrar a paz"[30] — 1361-1362. Reconhece, não obstante, ter cometido um erro (1344). Entre uma e outra atitude situa-se a cena da psicoterapia de Agave, que ele conduz com singular mestria, como já vimos.

De Tirésias, a quem cabe uma parte considerável do primeiro episódio, escreveu Winnington-Ingram que tem de Diónisos "a visão do político, do que se pode fazer com ele", mas "é temperamentalmente incapaz de qualquer visão mais profunda"[31]. Não nos parece exacta a primeira destas asserções. Tirésias, aqui como noutras tragédias, representa a intuição do divino e a percepção clara da inferioridade da razão humana perante ele. É o que declara a Cadmo:

> Nada é o que sabemos aos olhos dos deuses. À tradição ancestral, coeva do tempo, nenhum argumento a derrubará, sejam quais forem as subtilezas de altos espíritos.

E, mais adiante, na argumentação *ad hominem* que dirige a Penteu, profetiza a certa altura:

> Ainda hás-de vê-lo nas rochas de Delfos a saltar com archotes de abeto na planura de dois cumes, brandindo e agitando o báquico ramo: como ele será grande através da Hélade.

As figuras menores, embora delineadas com cuidado, dividem-se entre a obediência e lealdade ao rei e a admiração e temor pelo estrangeiro, cujo poder sobrenatural pressentem. É elucidativa a este respeito a narrativa do Servo no segundo episódio, quando traz Diónisos algemado à presença de Penteu. A sua conclusão é já uma advertência, ainda que velada (499--450):

> Este homem chegou à nossa cidade de Tebas com milagres em profusão. O resto — é contigo.

---

30 Sobre todo este complexo (e, não o esqueçamos, mutilado final) vide infra, nota 85.

31 *Euripides and Dionysus*, p.166.

O Primeiro Mensageiro insiste nessa tónica dos milagres e termina com outra advertência, agora mais clara, porque os prodígios foram ainda mais numerosos. Os últimos versos elogiam o dom mais acessível do deus — o vinho "que dissipa aflições" (v.769-774).

Ao Segundo Mensageiro cabe a narrativa do *sparagmos* de Penteu, a quam acompanhara ao Citéron, e cuja sorte lamenta sinceramente. Ante o regozijo do Coro por saber derrubado o seu grande perseguidor, reage, primeiro com indignação (1032--1034), depois com compreensão (1039). Não quer presenciar a calamidade final — a chegada de Agave ao palácio, com o seu sangrento trofeu —, mas não se afasta sem tirar, agora mais claramente ainda, a moral da história (1150-1151):

> O melhor de tudo é ser sensato e venerar os deuses.

Das três figuras menores, esta é sem dúvida a mais humanizada.

Sentido do drama

Uma obra-prima tem sempre, como é sabido, diversas leituras possíveis, que variam, não só no contexto histórico em que foi produzida, como também em função da época em que é reapreciada.

As Bacantes são um exemplo frisante dessa mesma característica. Não é surpreendente, portanto, que, no século XIX, esta peça tenha sido considerada uma palinódia do ateísmo do autor e que, ainda nos começos desta centúria, críticos racionalistas tenham visto nela, pelo contrário, uma severa condenação do fanatismo (o que levou aos extremos de considerar Penteu uma espécie de mártir do iluminismo). Algumas décadas depois, o artigo pioneiro de Dodds, "Euripides the Irrationalist" (1929) e depois os seus estudos sobre Menadismo, e em particular a sua edição comentada de *As Bacantes* (1944), bem como o livro de Winnington-Ingram, *Euripides and Dionysus* (1948), vieram pôr em evidência o papel primordial da análise de formas de comportamento que se situam fora do âmbito da razão, e a necessidade de as ter em conta. "Assim, a moral das *Bacantes* é que ignoramos à nossa custa a exigência, por parte do espírito humano, da experiência dionisíaca" — conclui Dodds[32]. Outras tendências se esboçaram depois. Como já vimos, a peça não ficou imune ao exame dos psicanalistas, enquanto outros, como Rosenmeyer, negam que a tragédia seja "um estudo da anormalidade" e consideram que a religião dionisíaca é aqui explorada "para produzir uma acção dramática que ajuda os espectadores a considerar o mistério e a precaridade da sua própria existência"[33].

Julgamos que *As Bacantes* são um documento soberbo sobre a religião dionisíaca e a experiência psíquica que ela comporta e, como tal, uma exploração em profundidade da *psyche* humana, quando sujeita a forças para além da razão. Por isso estão todo o tempo em causa noções como *sophia, to sophon* e a sua relação com *kalos, eudaimonia, phaneros, phainesthai, horan saphôs, manthano.* A noção de *eudaimonia*, "uma felicidade feita de uma aliança com a divindade, *daimon* ", como a define Jacqueline de Romilly[34], permeia os cantos do Coro, em especial o párodo, onde *eudaimon* associado a *makar* (que costuma usar--se para qualificar a felicidade de que gozam os deuses), aparece logo na primeira estrofe.

Seja ou não uma adição pessoal de Eurípides ao dionisismo primitivo, como defendeu Festugière[36], o tema do desejo de felicidade e de paz (ainda que obtidas pela evasão) vai asso-

---

[32] *Bacchae* , XLV.

[33] "Tragedy and Religion: The Bacchae", 371. A introdução da edição de Dodds, já várias vezes citada, contém um breve resumo crítico das principais exegeses da peça, pp. XL-XLI. Para uma história da interpretação euripidiana em geral,vide Ann Norris Michelini, *Euripides and the Tragic Tradition*, 3-51.

[34] "Le thème du bonheur dans les Bacchantes", 362. A subtil distinção entre os dois sinónimos tinha já sido feita por Festugière, "La signification religieuse de la parodos des Bacchantes", 86.

[35] Especialmente em "Euripide dans les Bacchantes", 138, e "Euripide et les Ménades", 10 e 16.

ciar-se, no estásimo terceiro, ao da sabedoria, nos versos do refrão (872-881=897-901):

> O que é a sabedoria? Ou que dádiva mais bela
> dos deuses, aos olhos dos homens,
> do que manter a mão segura
> sobre a cabeça do inimigo?
> O que é belo é sempre estimado.

Difícil é explicar, neste contexto, a afirmação do prazer da vingança entre o primeiro e o último verso. Discutiremos no comentário as principais tentativas exegéticas[36]. Mas podemos notar desde já que o triunfo sobre o inimigo foi geralmente considerado condição de felicidade até Sócrates, e dificilmente podia faltar numa religião de tipo dionisíaco. Já vimos que é com palavras de júbilo que o Coro ouve da boca do Segundo Mensageiro a notícia da morte de Penteu (1031, 1034-1035).

Mas, voltando ao valor de *eudaimon*, devemos acentuar que a palavra se repete três vezes — sempre em começo de verso — no epodo do mesmo estásimo (902, 904, 911). Várias formas possíveis de felicidade são enumeradas. Mas a que o Coro prefere é o bem-estar do dia a dia numa vida simples (910-911):

> Àquele que, no dia a dia, goza de uma vida
> ditosa, a esse felicito.

Note-se que também no diálogo surge com frequência a tensão entre o saber comandado pela razão e o conhecimento de uma realidade mais profunda que pertence à essência do divino. Preparada pela já citada afirmação de Tirésias no v. 200 ("Nada é o que sabemos aos olhos dos deuses") começa a exprimir-se em passos da disputa entre Penteu e Diónisos (480, 483-484, 490, 504, 506), para culminar na grande ironia trágica de 655-656:

PENTEU

> És muito, muito sábio, menos naquilo em que devias sê-lo.

[36] Infra, nota 51.

DIÓNISOS

Aquilo em que mais se deve ser sábio, disso sou eu sabedor.

Esta qualidade, Penteu só a reconhecerá sob o efeito da loucura (824). Uma vez revestido do traje báquico, em completo delírio, o rei de Tebas vê no estrangeiro a forma de touro, que simboliza a sua potência animalesca, e este observa (924):

Agora sim, vês o que deves ver.

O Coro, por sua vez, conhecedor das metamorfoses do deus (1018-1019), proclama, nesse mesmo estásimo quarto, a superioridade de uma forma de sabedoria semelhante à da sua ode anterior (1004-1010):

Mas aceitar sem pôr em dúvida
o que é dos deuses, como convém a mortais, é uma vida
[sem penas.
Não invejo a sabedoria.
gosto de andar atrás de outros bens, grandes
e visíveis. Oh! Levar uma vida em beleza,
dia e noite,
ser puro e reverente, rejeitar costumes
fora da lei, aos deuses prestar honras!

É neste mesmo canto do Coro que a insistência em palavras da família de *phaino* ("mostrar-se") ajuda a sublimar a necessidade de um desvelamento há muito esperado (a justiça é *phaneros* "bem clara", no refrão 991=1011, pede-se ao deus que se mostre — *phanethi* 1017).

A narrativa do Segundo Mensageiro, que entra logo a seguir, vem descrever, num crescendo de horrores, que atingirá o clímax com a chegada de Agave, a maneira devastadora como o deus reafirmou os seus direitos. Desta forma violenta, a mãe de Penteu compreende enfim todo o seu erro (*arti manthano* — 1296). A insolência foi castigada (1297). O desvario (*aphrosyne*) de Penteu foi equivalente à sua falta. Por isso o deus os envolveu todos numa só acusação (1302-1303).

No final da parte conservada da profecia de Diónisos ouvem-se de novo os dois conceitos-chave já referidos (1341--1343):

> Se tivésseis sabido ter senso, o que não quisestes,
> poderíeis ser felizes, tendo por aliado o filho de Zeus.

Com este desfecho, a justa medida foi restabelecida no plano da imanência divina. Na nossa frente ficam dois mortais destroçados, impotentes para se consolarem sequer.

Tradução e notas

Servimo-nos para a tradução da edição crítica de G. Murray, *Euripides. Fabulae*, Tomus III (Scriptorum Classicorum Biliotheca Oxoniensis, repr. 1949).

As notas destinam-se ora a esclarecer referências mitológicas e geográficas, ora a discutir passos obscuros do texto. Mais extensas do que o habitual em trabalhos deste género, devido à dificuldade e densidade do modelo grego, estão longe de esgotar, mesmo assim, a prodigiosa riqueza do original.

Bibliografia Selecta

EDIÇÕES E COMENTÁRIOS

Euripides. Fabulae, Tomus III. Ed. G. Murray (Oxonii [1]1909, repr. 1949)

Euripides. Bacchae. Ed. comm. E. R. Dodds (Oxford [1]1944, [2]1960, repr. 1989) [Dodds]

Euripide. Tome VI.[2] Ed. trad. H. Grégoire (Paris 1961)

Euripide. Les Bacchantes. Ed. J. Roux (Paris 1970-1972)

Euripides. Bacchae . Ed. E. Christian Kopff (Leipzig 1982)

The Bacchae of Euripides. Trad. comm. G. S. Kirk (Prentice-Hall 1970, Cambridge 1979) [Kirk]

ESTUDOS

Arthur, Marylin, "The choral odes of the Bacchae of Euripides", *Yale Classical Studies* 22 (1972) 145-179. ["The choral odes"]

Burkert, Walter, *Ancient Mystery Cults* (Harvard University Press 1987, trad. port.: *Antigos Cultos de Mistério,* São Paulo 1987)

Devereux, G., "The psychotherapy scene in Euripides' Bacchae", *Journal of Hellenic Studies* 90 (1970) 35-48

Diller, Hans, "Euripides' final phase: The Bacchae", in: *Oxford Readings in Greek Tragedy* , ed. E. Segal (Oxford 1983) 357-369

Dodds, E. R., *The Greeks and the Irrational* (Berkeley 1951; trad. port.: *Os Gregos e o Irracional,* Lisboa 1988)

Dodds, E. R. "Euripides the Irrationalist", in: *The Ancient Concept of Progress and Other Essays on Greek Literature and Belief* (Oxford 1973) 78-91

Festugière, A. J., "La signification religieuse de la parodos des Bacchantes", *Eranos* 54 (1956) 72-86

Festugière, A. J., "Euripide dans les "Bacchantes", *Eranos* 55 (1957) 127-144

Festugière, A. J. "Euripide et les Ménades", *Siculorum Gymnasium* 26 (1973) 1-17

Fisher, Raymond K., "The palace miracles in Euripides'Bacchae: a reconsideration", *American Journal of Philology* 113 (1992) 179-188

Foley, Helen P., "The Masque of Dionysus", *Transactions of the American Philological Association* 110 (1980) 107-133

Grube, G. M. A., *The Drama of Euripides* (London 1941, repr. Gloucester, Mass. 1973)

Lefkowitz, Mary R., "Impiety' and 'Atheism' in Euripides' Dramas", *Classical Quarterly* 39 (1989) 70-82.

March, Jennifer R., "Euripides' Bakchai: a reconsideration in the light of vase-paintings", *Bulletin of the Institute of Classical Studies* (London) 36 (1989) 33-65

Michelini, Ann Morris, *Euripides and the Tragic Tradition* (The University of Wisconsin Press 1987)

Murray, Gilbert, *Euripides and his Age* (Oxford [1] 1913, [2]1946, repr. 1965)

Parsons, Michael, "Self-Knowledge refused and accepted: a psychoanalytic perspective on the Bacchae and the Oedipus at Colonus", *Bulletin of the Institute of Classical Studies* (London) 35 (1988) 1-14

Pulquério, Manuel de Oliveira, "Um testamento ideológico: "As Bacantes de Eurípides", *Humanitas* 39-40 (1987--1988) 25-41

Rivier, André, *Essai sur le tragique d'Euripide* (Paris [2]1975)

Romilly, Jacqueline de, "Le thème du bonheur dans les Bacchantes", *Revue des Études Grecques* 76 (1963) 361-380

Romilly, Jacqueline de, *La modernité d' Euripide* (Paris 1986)

Rosenmeyer, Thomas G., "Tragedy and religion: the Bacchae", in: *Oxford Readings in Greek Tragedy* ed. E. Segal (Oxford 1983) 370-389

Roth, Paul, "Teiresias as mantis and intellectual in Euripides' Bacchae", *Transactions of the American Philological Association* 114 (1984) 59-69

Roux, Jeanne, "Sur la parodos des Bacchantes", *Revue des Études Grecques* 75 (1962) 64-71

Sale, William, "The psychoanalysis of Pentheus in the Bacchae of Euripides", *Yale Classical Studies* 22 (1972) 63-82

Scott, William C., "Two suns over Thebes: imagery and stage effects in the Bacchae", *Transactions of the American Philological Association* 105 (1975) 333-346

Seaford, Richard, "Dionysiac drama and the dionysiac mysteries", *Classical Quarterly* 31 (1981) 252-275

Seidensticker, Bernd, "Comic elements in Euripides' Bacchae", *American Journal of Philology* 99 (1978) 303-320

Strohm, Hans, *Euripides. Interpretationen zur dramatischen Form* (München 1957)

Verdenius, W. J., "Notes on Euripides' Bacchae", *Mnemosyne* 15 (1962) 337-363 ["Notes I"]

Verdenius, W. J., "Notes on the prologue of Euripides' Bacchae", *Mnemosyne* 33 (1980) 1-16 ["Notes II"]

Willink, C. W., "Some problems of text and interpretation in the Bacchae", *Classical Quarterly* 16 (1966) 27-59, 220-242 ["Some problems"]

Winnington-Ingram, R. P., *Euripides and Dionysus. An Interpretation of the Bacchae* (Cambridge 1948, repr. Amsterdam 1969)

Zuntz, Günther, "Zum Prolog von Euripides Bakchen", *Hermes* 113 (1985) 119-121.

AS BACANTES

FIGURAS DO DRAMA

Diónisos
Servo
Coro
Mensageiro
Cadmo
Segundo Mensageiro
Penteu
Agave

(Ao fundo, o palácio real de Tebas. A um lado, o túmulo de Sémele e, semiocultas por uma videira, as ruínas de uma casa, de onde sai ainda fumo. Entra Diónisos vestido com o traje de chefe das Bacantes)

DIÓNISOS

Venho aqui, a esta terra dos Tebanos, eu, que sou filho de Zeus, eu, Diónisos, a quem gerou um dia Sémele, a filha de Cadmo, assistida no seu parto pela chama do relâmpago[1]. Trocando por uma forma mortal a de um deus, eis-me junto às Fontes Dirceias e às águas do Ismeno[2]. Avisto de minha mãe

---

[15] O deus apresenta-se enfaticamente com os seus títulos, preludiando desde já o seu poder divino que retomará no desfecho da peça. É provável que ao declarar-se filho de Zeus esteja também a apontar para a etimologia atribuída ao seu nome, como supõe Dodds. Verdenius, "Notes 1", tem o facto como certo e relaciona-o com outros exemplos que surgem mais adiante (292-295, 298-299, 365, 508, 526).

A lenda do nascimento de Diónisos referia que a princesa tebana Sémele, filha de Cadmo, pedira a Zeus, por sugestão malévola de Hera, que lhe aparecesse no seu esplendor divino, para provar a sua origem. Surgindo com todos os seus atributos, o deus supremo causa a morte da amada com os seus relâmpagos, mas torna imortal o filho nascituro. Zeus coloca o feto na sua coxa, para terminar a gestação. A parte deste mito se referem os versos seguintes.

[2] Os dois rios de Tebas, tantas vezes citados na poesia grega. As "Fontes Dirceias" são invocadas na Antígona (v. 845) quando, na tragédia homónima de Sófocles, se despede da vida, a caminho do enclausuramento. O rio é também cantado por Píndaro, o mais ilustre dos filhos de Tebas, no final da *VIª Ístmica.*

fulminada o sepulcro, aqui perto do palácio, e as ruínas da morada fumegantes com a chama ainda viva do fogo de Zeus, esse ultraje imorredouro de Hera a minha mãe.

A Cadmo dou louvores, que tornou intransponível este solo, santuário de sua filha, que eu mesmo ocultei, rodeando-o com a verdura dos cachos de uma vinha[3].

Deixei os campos auríferos dos Lídios e dos Frígios, alcancei as planuras persas escaldadas pelo Sol, as cidades amuralhadas da Bactriana e as terras geladas dos Medos, a próspera Arábia, a Ásia toda[4] que jaz ao longo do salgado mar, com as suas cidades de belas torres a abarrotar de Helenos misturados com bárbaros, até chegar a esta cidade grega, só depois de lá ter estabelecido as minhas danças e instituído os mistérios, a fim de me manifestar aos mortais como um deus[5].

---

[3] O lugar onde caísse um raio era considerado na Antiguidade como ἄβατον, ou seja, vedado à passagem de quem quer que fosse. A morada de Sémele era mostrada aos turistas no séc. II d.C., quando Pausânias descreveu Tebas (9. 12. 3). O túmulo da princesa, porém, estava noutro local (9. 16. 7), e não junto àquela, como aqui sucede.

A videira era a planta emblemática de Diónisos, juntamente com a hera, que noutras versões do mito vem cobrir o local sagrado.

[4] Diónisos enumera diversos países do Próximo Oriente onde o seu culto (danças e mistérios, como diz mais adiante) estava já estabelecido. O último nome da série ("a Ásia toda") deve referir-se à Ásia Menor, como sugerem os versos seguintes, que mencionavam a faixa costeira cheia de cidades gregas — ainda inexistentes, de resto, no tempo de Cadmo. "A tragédia grega é geralmente indiferente a esta espécie de anacronismo" — comenta Dodds.

Parece-nos desnecessária a hipótese de os vv. 14-16 serem uma interpolação da época helenística, que suporia o conhecimento da campanha de Alexandre, como aventou A. Dihle, *Sitzungsberichte der Heidelberger Akademie der Wissenschaften,* Philol.-Hist. Klasse, 1981, seguido (só nesse ponto) por G. Zuntz, "Zum Prolog von Euripides Bakchen". A Bactriana é mencionada por Ésquilo, *Persas,* 306, 317, a Arábia no *Prometeu* 420 (este segundo exemplo, em contexto assaz confuso). As ocorrências dos nomes de ambas as regiões são inúmeras em Heródoto.

Sobre a questão das origens do culto dionisíaco, veja-se a Introdução. Note-se que os mistérios báquicos floresciam por todo o lado, desde a Ásia Menor à Itália do Sul e do Mar Negro ao Egipto (cf. Burkert, *Ancient Mystery Cults,* 5).

[5] Seguimos a interpretação de Dodds quanto ao sentido de πρῶτον no v. 20. Outros traduzem: "Esta é a primeira cidade da Hélade para onde eu vim", o que, além de outras dificuldades, antecipa desnecessariamente o que se afirma no v. 23. Willink, "Some problems," 221-222, propõe que se substitua ἐς τήνδε (20), por ἐνταῦθα que permite atribuir a πρῶτον o sentido de "pela primeira vez", e πόλιν por χθόνα, o que representa uma acumulação de correcções ao texto.

Tebas foi a primeira deste país dos Helenos onde eu ergui o meu grito triunfal[6], depois de ajustar a nébride ao corpo, de lhe meter o tirso na mão, esse dardo coberto de hera. É que as irmãs de minha mãe[7] — quem menos devia fazê-lo — costumavam afirmar que eu, Diónisos, não nasci de Zeus e que Sémele, por invenção de Cadmo, depois de subjugada por um mortal qualquer, atribuiu a Zeus a falta no leito cometida. Vangloriavam-se publicamente de que tal era o motivo por que Zeus a aniquilou, o de ter forjado esses esponsais. Por isso eu as sacudi para fora de suas moradas, tomadas de delírio, e, de espírito enlouquecido, habitam na montanha. E forcei-as a usar a libré das minhas orgias, e a toda a raça feminina dos Cádmios, a quantas mulheres havia, fi-las sair de casa, desvairadas[8]. Misturadas junto com as filhas de Cadmo, debaixo dos verdes abetos, sentam-se nas rochas, sem a cobertura de um telhado. É que esta cidade tem de aprender até ao fim, ainda que o não queira, que lhe falta ser iniciada nos meus rituais báquicos e eu tenho de tomar a defesa de minha mãe Sémele, aparecendo aos mortais como a divindade que ela gerou para Zeus.

Ora Cadmo entregou as honras da realeza a Penteu, de sua filha nascido, que declarou guerra aos deuses na minha pessoa e me expulsa das libações, sem nunca se lembrar de mim nas suas preces. É por esses motivos que eu vou demonstrar, a ele e a todos os Tebanos, que sou um deus. Para outra terra dirigirei os meus passos, depois de reduzir esta à ordem devida, pela revelação da minha pessoa. Mas se a cidade de Tebas procurar, na sua

---

[6] Dizia-se ὀλολυγή o grito ritual das mulheres para celebrar o triunfo. As praticantes envergavam a nébride (pele de veado) sobre a túnica e empunhavam o tirso, constituído por uma cana com a ponta enfeitada de hera.

[7] As irmãs de Sémele são, além de Agave, mãe de Penteu, Ino e Antónoe.

[8] Estas Bacantes, habitantes de Tebas, que seguem atrás das desvairadas irmãs de Sémele, e que praticarão toda a espécie de excessos, são distintas das seguidoras de Diónisos que constituem o Coro da peça e que são, como se verá, muito mais moderadas, porque não estão sujeitas ao aguilhão da loucura.

No v. 34, traduzimos literalmente ὄργια por "orgias", mas deve advertir-se que a palavra não tinha ainda o sentido de "comportamento desregrado", o qual não é anterior à época helenística.

Ainda neste passo, há que observar que o texto, tal como está, não é impeditivo de supor que haja virgens entre as praticantes (como se referirá adiante no v. 694). A ênfase na presença das mulheres poderá servir para sublinhar a exclusão de homens desta prática, como observa Dodds, tendo em vista o que se dirá nos vv. 213, 354 e 686.

fúria, e pela força das armas, trazer as Bacantes das montanhas, entrarei em combate, lutando juntamente com as Ménades. É por isso que tomei o aspecto de um mortal, e abandonei a minha forma, mudando-a para a da figura humana.

Mas vós, que deixastes o Tmolo[9], essa fortaleza da Lídia, ó meu tíaso[10], mulheres que dentre os bárbaros eu trouxe comigo, para serdes minhas companheiras de descanso e de marcha, erguei os tamboris[11] naturais da cidade dos Frígios, invenção da Mãe Reia e minha, vinde fazê-los ressoar em volta desta régia mansão de Penteu, para que a cidade de Cadmo veja! Que eu, por mim, vou para as vertentes do Citéron[12], para onde estão as Bacantes, tomar parte nas suas danças.

(Entra o Coro, formado por mulheres vestidas de Bacantes, a dançar ao som de tamboris e de flautas, que elas mesmas tocam)

CORO

Deixando da terra da Ásia
o sagrado Tmolo, apresso-me a vir

---

[9] O Tmolo, de que voltará a falar-se, era uma cordilheira ao sul de Sardes, a opulenta capital da Lídia, na Ásia Menor.

Aparentemente, pelo menos, o Coro deverá aproximar-se da cena a partir deste v.55. Para A. J. Festugière, *La signification religieuse de la parodos des Bacchantes,* 72, é neste momento que o deus se volta para as mulheres lídias. Por sua vez, J. Roux, *Sur la parodos des Bacchantes,* 64, aponta o v. 56 (quando o particípio λιποῦσαι, do verso anterior, não pode desligar-se de γυναῖκες) Dodds pensa que não seria conveniente que elas ouvissem falar da "minha invenção" (v. 59), o que levaria à identificação do deus, mas que poderiam começar a avançar no párodo.

[10] O tíaso é o cortejo mítico de Diónisos, embora possa aplicar-se este colectivo a outras confrarias místicas.

[11] Os instrumentos de percussão eram exclusivos dos cultos orgiásticos (daí dizer-se que eram invenção de Reia e Diónisos) e, entre os Gregos, não eram utilizados na música séria. A preocupação de preservar uma forte ligação entre a ética e a música é bem visível, quer na *República* de Platão, quer na *Política* de Aristóteles. Sobre o assunto, vide Warren D. Anderson, *Ethos and Education in Greek Music* (Harvard University Press 1966).

[12] O Citéron é uma grande montanha (1409m de altitude) na fronteira entre a Ática, a Megárida e a Beócia. Ponto central do culto dionisíaco, era um local ligado a numerosos mitos.

para este esforço, este penar sem pena,
— por ser para Brómio[13] — de cantar
o báquico Evoé!
Quem anda, quem anda no caminho? Quem?
Que se recolha a casa! Que todos mantenham a
[língua pura
guardando o silêncio!
Cantarei sempre em honra de Diónisos
o hino que lhe é devido[14].

Oh! *estrofe*
Bem-aventurado o ditoso
que conhece os mistérios divinos,
purifica a sua vida,
participa com toda a alma no tíaso,
faz as bacanais nas montanhas
com santas purificações,
celebra as orgias de Cíbele,
a grande mãe,
e, brandindo o tirso,
coroado de hera,
presta culto a Diónisos.

Ide, Bacantes, ide, Bacantes,
das montanhas da Frígia
para as espaçosas
ruas da Hélade!
Trazei Brómio, deus filho de um deus,
Diónisos! Trazei Brómio!

Aquele *antístrofe*
que saiu das entranhas
da mãe que, tomada

[13] Brómio é um dos muitos nomes de Diónisos ou Baco, em honra de quem se grita "Evoé!".

[14] Esta estrofe é considerada um proémio ou prelúdio à grande ode que se segue, constituída por dois pares de estrofes e um extenso epodo. Seguindo na esteira de Deichgräber, Dodds pensa que a ode poderá ter sido modelada sobre um autêntico hino do culto dionisíaco.

Ao longo do poema, num ritmo exaltante, será evocado o nascimento do deus (88-104), os preparativos das Ménades (105-114), a dança nas montanhas ou *oreibasia* e a omofagia (114-167).

das dores da maternidade,
ao som do trovão alado de Zeus,
fulminada pelo raio,
abandonara a vida.
Mas logo o recebeu num abrigo,
onde havia de nascer, Zeus Crónida,
ocultando-o na sua coxa,
prendendo-o com fíbulas douradas,
a ocultas de Hera.

Deu-o à luz, quando as Parcas
fixaram, esse deus de chifres de touro,
coroou-o com uma coroa
de serpentes, e desde então
as Ménades cingem seus cabelos
com esta caça selvagem.
Coroa-te de hera, *estrofe*
ó Tebas, ama de Sémele!
Faz brotar, faz brotar
o verde alegre-campo de lindas bagas,
e celebra as bacanais com ramos
de carvalho ou de abeto!
Bordai as vestes de gamo mosqueado
com anéis de branca pelagem.
Usai, piedosas, o nártex fogoso.
Em breve, toda a terra dançará
— quem quer que conduza o tíaso, é outro Brómio —
a caminho, a caminho da montanha,
onde aguarda a multidão feminina
afastada do tear e lançadeira
pelo aguilhão dionisíaco.

Ó morada dos Curetas, *antístrofe*
grutas divinas de Creta,
que fostes berço de Zeus!
Foi nesses recessos
que os Coribantes de triplo capacete
criaram para mim este círculo forrado de couro.
Depois de misturarem a força báquica
com o sopro gentil das flautas da Frígia;
e meteram-no nas mãos da mãe Reia,
para ecoar os gritos das Bacantes.

Da deusa mãe divina o chamaram a si
os Sátiros tomados de delírio,
e apropriaram-no
às danças trienais, com que Diónisos
se regozija[15].

epodo

Que prazer, nas montanhas, quando se sai das correrias
do tíaso, cair no solo,
vestido com o traje sagrado de pele de gamo,
andar à caça do sangue do bode imolado, da delícia da
[omofagia,
avançando pelas montanhas frígias, lídias, com Brómio à
[frente!
Evoé!
Do solo correm rios de leite, rios de vinho, rios de néctar
das abelhas.
Segurando, como o fumo
do incenso da Síria, a chama
incandescente da tocha do abeto,
no alto do bastão,
o celebrante de Baco instiga-as à corrida
e às danças, sacode as transviadas,
impele-as com seus gritos,
agitando nos ares a sua cabeleira macia.
Junto com os clamores ouve-se a sua voz fremente:
"Oh! Ide, Bacantes!
[Oh!] Ide, Bacantes!
No esplendor do Tmolo de áureo curso,
cantai a Diónisos
ao surdo rufar dos tamboris,
glorificando o deus — Evoé! Evoé! —
com os frígios clamores e vozes estridentes,
quando a flauta sonorosa

---

[15] Toda esta antístrofe explica a presença do tamboril ("este círculo forrado de couro" — v. 124) nos rituais báquicos, à mistura com "o sopro gentil das flautas da mãe Reia" (v. 128). Efectivamente, segundo o mito, aquele instrumento de percussão fora inventado em Creta pelos Curetas ou Coribantes, para abafar os gritos de Zeus infante, que sua mãe Reia temia fossem ouvidos por Cronos, e que este devorasse aquele seu filho, como fizera aos anteriores.

e sagrada os sacros cantos entoa, próprios
para os que vão vaguear para a montanha, para a montanha.
Cheia de gozo, como a poldra que vai pastar
com a mãe, dá saltos com os seus membros ágeis a Bacante.

(O adivinho Tirésias, vestido com uma túnica de lã, sobre a qual envergou o traje dionisíaco, bate à porta do palácio)

TIRÉSIAS

Quem está de guarda à porta? Chamem para fora do palácio Cadmo, filho de Agenor, o que deixou a cidade de Sídon para erguer as muralhas desta urbe dos Tebanos.

Vão anunciar que Tirésias o procura. Ele bem sabe a razão da minha vinda, a combinação que fez este ancião com alguém mais idoso ainda, de enfeitarmos os tirsos, de usarmos a nébride, de coroarmos a fronte de rebentos de hera.

(Cadmo sai pela porta do palácio, revestido também do traje dionisíaco)

CADMO

Meu amigo tão caro! É que eu senti e ouvi a tua voz, a tua sensata voz vinda de um sensato homem, quando estava dentro de casa. E aqui venho, já pronto, com esta libré do deus. Pois, sendo este filho da minha filha [Diónisos que aos homens se revelou como deus[16]], é preciso engrandecê-lo tanto quanto estiver ao nosso alcance. Para onde devemos ir dançar, para onde havemos de mover os nossos passos e de agitar as nossas cãs?

Explica-mo tu, um ancião a outro ancião, ó Tirésias, pois tu és pessoa sensata, de modo que eu não me canse de bater o tirso no solo, noite e dia! Com que prazer nos esquecemos da nossa velhice!

---

[16] O v. 182 foi atetizado por Dobree, devido à sua semelhança com 860. Note-se, em toda esta fala, a insistência na σοφία, que será um *leit-motiv* da peça.

TIRÉSIAS

Então sentes o mesmo que eu. Também eu me sinto jovem e vou entrar na dança.

CADMO

Vamos de carro para a montanha?

TIRÉSIAS

Sendo assim, o deus não receberia as mesmas honras.

CADMO

Eu, que sou velho, vou conduzir outro velho, como quem leva uma criança!

TIRÉSIAS

Sem esforço, o deus nos há-de guiar até lá.

CADMO

Seremos os únicos na cidade a dançar para Baco?

TIRÉSIAS

Somos os únicos a pensar bem; pensam mal os restantes.

CADMO

Já estamos a demorar. *(Estende a mão, para Tirésias a agarrar).* Pega na minha mão.

TIRÉSIAS

(Estendendo-lhe a mão) Aqui está! Pega tu na minha mão e emparelha-a com a tua.

CADMO

Nasci mortal: não desprezo os deuses.

TIRÉSIAS

Nada é o que nós sabemos aos olhos dos deuses. A tradição ancestral, coeva do tempo, nenhum argumento a derrubará, sejam quais forem as subtilezas de certos espíritos. Haverá quem diga que não tenho respeito pela minha velhice, ao preparar-me para dançar, de cabeça coroada de hera?

É que o deus não distingue se é o jovem ou o mais idoso o que deve dançar, mas da parte de todos quer receber honrarias por igual; quer ser engrandecido sem discriminar ninguém[17].

CADMO

Já que não vês, ó Tirésias, a luz do dia, serei eu para ti o intérprete em palavras. Aí vem Penteu, que se dirige à pressa para o palácio, Penteu, filho de Equíon, a quem fiz entrega do poder sobre esta terra. Como está excitado! Que novidades trará?

(Entra Penteu, acompanhado de guardas e com sinais de grande agitação)

PENTEU

(Sem ver ninguém) Estava eu por acaso longe desta terra, quando oiço as novas que vão por esta cidade: que as mulheres nos abandonaram as casas para irem a umas supostas bacanais, e que vagueiam pelas montanhas umbrosas, dançando em honra desse deus de última hora, esse Diónisos, ou lá quem é; e que no

---

[17] Em toda esta cena perpassa o motivo do rejuvenescimento de dois velhos em honra de um ideal, motivo esse que Eurípides explorou mais vezes (em especial no final dos *Heraclidas*, sobretudo vv. 843-866). Sobre a existência ou não de uma intenção cómica, veja-se a Introdução, p. 15.

[18] Os *krateres* eram vasos de grandes dimensões, destinados à mistura de água com o vinho, que era de regra nos banquetes.

Penteu atribui sempre às Ménades excessos condenáveis, que depois serão expressamente desmentidos pelo relato do boieiro (vv. 677-688).

meio dos seus tíasos estão *krateres* [18]cheios e que uma a uma se refugiam num recanto isolado, para aí se submeterem à lascívia masculina. De pretexto servem-lhes, sem dúvida, os rituais das Ménades, mas à frente do culto de Baco colocam o de Afrodite.

Quantas eu já apanhei, os meus guardas conservam-nas a bom recato nas prisões públicas, de mãos atadas. As que faltam, dar-lhe-eis caça para fora das montanhas. [Refiro-me a Ino e Agave, aquela de quem Équion me gerou, e à mãe de Actéon, Autónoe[19]]. Apertá-las-ei em redes de ferro, para em breve pôr termo a estas vis bacanais.

Dizem que chegou aí um tal estrangeiro, um mago com encantamentos, vindo do país da Lídia, de cabelos perfumados, com louros caracóis, com o fascínio purpúreo de Afrodite nos olhos, que dia e noite se mistura com as moças, acenando-lhes com os seus mistérios jubilosos. Se eu o apanho dentro destes tectos, acabarei com o seu bater do tirso e o sacudir da cabeleira: arranco-lhe o pescoço para fora do corpo.

É esse o que afirma ser o deus Diónisos, esse que diz ter sido cosido na coxa de Zeus, o que foi destruído pela chama do raio, junto com a mãe, a que forjou uns esponsais com Zeus. Estes actos não merecem o laço fatal? Cometer tal insolência, seja quem for esse estrangeiro?

(Avistando de repente Tirésias e Cadmo) Mas olha outro prodígio! Eis que vejo o adivinho Tirésias revestido com a nébride mosqueada e o pai de minha mãe — que irrisão! — tomado pelo delírio de Baco, de nártex em punho! *(Voltando-se para Cadmo)* Recuso-me, ó pai, a olhar para essa velhice privada de senso. E se tu deitasses fora essa hera? E se tu libertasses do tirso essa mão, ó pai da minha mãe?

(Voltando-se para Tirésias). Foste tu que o convenceste a isto, Tirésias. Introduzindo mais este novo deus entre os homens, pretendes ter mais seres alados para observar e mais salários para receber pelas vítimas queimadas. Se não te valesse a tua velhice

---

[19] Os vv. 229-230 foram atetizados por Collmam, por não serem estas as únicas mulheres que praticam o culto. Dodds, pelo contrário, pensa que os versos em causa são dramaticamente apropriados, uma vez que a fúria de Penteu cresce ao pensar que há mulheres de sua própria família entre os culpados. Uma engenhosa alternativa (mas difícil de provar), é a de Willink, "Some problems" 39-40, segundo a qual o lugar deles seria na tirada de Diónisos, após o v. 1329, ligando-os aos vv. 1674 sqq. do *Christus Patiens* (poema composto no séc. XII, a partir de textos de Eurípides, especialmente de *As Bacantes*).

grisalha, estarias sentado como prisioneiro no meio das Bacantes, por teres instaurado esses malvados rituais. Pois onde entra o fulgente líquido da videira em festins de mulheres, garanto que em tais mistérios já não há nada de são!

CORO

Que impiedade! Estrangeiro, não tens reverência pelos deuses e por Cadmo, que semeou a seara nascida da terra? E, sendo filho de Equíon, envergonhas a tua linhagem?

TIRÉSIAS

Quando um homem sensato toma um bom ponto de partida para os seus argumentos, não dá grande trabalho falar bem. Mas tu tens uma língua fluente, como se pensasses bem, sem que haja bom senso nas tuas palavras. Homem que deva a sua influência à audácia e saiba falar, torna-se um mau cidadão, pois não tem bom senso. Esse novo deus, que tu escarneces, eu não seria capaz de descrever a grandeza que ele vai alcançar pela Hélade fora. É que há duas coisas, ó jovem, que ocupam o primeiro lugar entre os homens: a deusa Deméter, que é a Terra, seja qual for o nome por que queiras designá-la; é essa que nutre os homens com alimentos secos; e o que chegou depois, o rebento de Sémele, o que, para a completar, inventou e introduziu entre os homens o licor dos cachos, o licor que faz cessar os desgostos dos atormentados mortais, quando se enchem da torrente da videira, e proporciona o sono como olvido dos males do dia a dia — nem há outro remédio contra o sofrimento. É ele que, sendo deus, é oferecido em libação aos deuses, de modo que é a ele que os homens devem as suas bênçãos[20].

E troças dele, porque foi cosido na coxa de Zeus? Vou-te ensinar como isso é perfeito. Zeus, depois de o arrebatar da chama do raio, levou para o Olimpo a criança, como deus que é, e Hera quis arrojá-lo para fora do céu. Zeus então inventou um

[20] A propósito destas afirmações, baseadas na oposição entre seco e húmido, e sobretudo da identificação de Deméter e Diónisos como formas desses termos opostos (pão e vinho) Dodds refere a probablidade de se tratar de uma doutrina do sofista Pródico.

[21] Murray, seguido por Dodds, supõe aqui a existência de uma lacuna, com base na ausência de explicitação do objecto de ἐχδιδούς. Willink, "Some problems", 40-41, defende a emenda de Dalmeyda, métrica e paleograficamente aceitável, de Διόνυσον para διάλυσιν.

expediente rival, digno de um deus: rasgou um pedaço do éter que envolve a Terra e entregou-lho, fazendo dele seu penhor[21], salvando Diónisos dos ciúmes de Hera. Com o tempo, os mortais disseram que ele fora cosido na coxa de Zeus; mudando uma palavra, compuseram a história, porque outrora ele fora penhor de Hera, um deus perante uma deusa[22].

Profeta é também este deus, porquanto o transe báquico e o delírio têm grandes poderes divinatórios. É que, quando o deus penetra com força no corpo, faz com que as pessoas em delírio possam predizer o futuro. De Ares possui também uma parte: pois um exército armado e no seu posto é dominado pelo terror, antes de tocar na lança. Também isto é loucura vinda de Diónisos. Ainda hás-de vê-lo nas rochas de Delfos, a saltar com archotes de abeto na planura de dois cumes, brandindo e agitando o báquico ramo: como ele será grande através da Hélade[23]! Mas obedece-me, Penteu: não te vanglories de que é a força que domina os homens; e, se tiveres um pensamento, mas o teu pensar estiver enfermo, não tomes esse pensamento por sabedoria. Recebe o deus nesta terra, faz-lhe libações, pratica os rituais báquicos e coroa a tua cabeça.

Não é a Diónisos que pertence forçar as mulheres a ser sensatas, no que a Cípria[24] respeita; é na sua natureza [que está sempre sensata em relação a tudo]; é aí que cumpre buscá-la. A que for realmente sensata não se corromperá, mesmo no meio das bacanais.

---

[22] Estes versos assentam numa etimologia popular que considera ter havido uma confusão entre μηρός ("coxa") e ὅμηρος ("penhor"), a que C. Del Grande, *Filologia minore* (Milano 1956), 41-42, apud W. J. Verdenius "Notes I", 344, acrescenta outra entre μέρος e μηρός. As etiologias com base em etimologias populares aparecem em Ésquilo, *Agamémnon* 687-691 e, num plano diferente, em Heródoto 1.122. Um dos numerosos enigmas do *Crátilo* de Platão reside também em discernir qual a seriedade com que o filósofo apresenta muitas delas.

[23] Antecipação da consagração do culto dionisíaco em Delfos durante os três meses de Inverno, quando o santuário de Apolo ficava fechado e este deus se dizia ausente nos Hiperbóreos. Foi esta certamente a solução de compromisso encontrada para a celebração de dois cultos de natureza oposta.

[24] Um dos nomes de Afrodite, tirado da lenda segundo a qual, após o seu nascimento do mar, aborda primeiro a essa ilha. Tirésias está a responder à acusação formulada pelo rei no v. 225.

Logo a seguir, o v. 316, que é igual ao v. 79 de *Hipólito*, foi atetizado por Kirchhoff. Também Barrett, na sua edição dessa outra peça de Eurípides (Oxford 1964) refere o facto no aparato crítico.

Ora vê: tu regozijas-te, quando ocorre uma multidão à tua porta, e a cidade exalta o nome de Penteu. Também ele, segundo julgo, se compraz com honrarias. Eu, por mim, e Cadmo, de quem escarneces, vamos coroar-nos de hera e dançar; somos um par de velhos, mas há que dançar à mesma. A lutar contra um deus, não me persuadirão os teus argumentos. É que tu estás louco, cruelmente louco; não há droga que te cure, mas é a uma droga que deves a doença.

CORO

Ó ancião, tu não ultrajas Febo com as tuas palavras; e, ao prestar honras a Brómio, o grande deus, és sensato.

CADMO

Belas foram, ó filho, as exortações de Tirésias. Permanece connosco, e não rejeites as tradições. Neste momento, o teu espírito esvoaça e, quando reflecte, é vão o que pensa. É que, ainda que ele não seja um deus como tu afirmas, proclama que o é, e mente com uma boa finalidade[25], para que Sémele aparente ter gerado um deus, e essa honra se acrescente a nós e a toda a nossa linhagem.

Tu vês qual foi a desgraçada sorte de Actéon, a quem os cães devoradores que ele criara dilaceraram, por se ter gabado de ser mais hábil do que Ártemis a caçar nas clareiras das montanhas[26]. Não queiras sofrer tal! Vem cá e deixa-me coroar-te a

---

[25] Traduzimos assim a expressão χαταφεύδου χαλῶς, noção que figurará também na famosa "nobre mentira" de *A República* de Platão(γενναῖόν τι ἓν φευδομένους — 414b).

[26] O mito de Actéon, o caçador emérito metamorfoseado por Ártemis em veado, e por isso dilacerado pelos próprios cães, é muitas vezes utilizado, quer na poesia, quer na arte grega. Uma das razões mais correntes do castigo da deusa é tê-la surpreendido no banho; Eurípides adopta aqui a do castigo da *hybris* que ele cometera ao proclamar-se mais hábil do que a patrona da arte venatória, e, tanto quanto sabemos, é ele o primeiro a encontrar esta motivação.

O destino de Actéon, filho de uma das irmãs de Sémele, e de Aristeu, portanto, também neto de Cadmo, prefigura aqui o do próprio Penteu, que no mesmo local será vítima de *sparagmos,* facto que será depois acentuado por Cadmo no v. 1291. Note-se que as referências a este nome aparecem em pontos-chave da peça (v. 230), aliás de autenticidade duvidosa; neste passo, em que se faz ainda uma advertência aos perigos em que Penteu vai incorrer; em 1227, quando o velho rei avista as filhas em delírio no Citéron; e no já referido v. 1292.

cabeça de hera.*(Estendendo a mão para Penteu).* Junta-te a nós, e presta honras ao deus.

PENTEU

(Com um gesto de repulsa) Não estendas a mão! Vai-te daqui celebrar os ritos de Baco e não me manches com a tua loucura! *(Voltando-se para Tirésias)* E a este, que foi o mestre da tua loucura, vou castigá-lo.*(Para um dos seus guardas)* Um de vós que vá depressa ao lugar onde ele observa os auspícios, meta-lhe uma barra e vire-o do avesso, espalhando tudo, sem distinção, para cima e para baixo, e abandonando as suas fitas sagradas aos ventos e às tempestades. Se assim fizer, mordo fundo no seu coração. *(Voltando-se para os outros guardas).* Os outros que vão à cidade, procurem a pista do estrangeiro efeminado, que vem trazer esta nova doença às mulheres e contamina os seus leitos. E, se o apanhardes, encaminhai-o para aqui algemado, para que ele sofra a morte por lapidação, depois de ter visto um fim amargo aos seus ritos em Tebas.

TIRÉSIAS

Desgraçado! Que não sabes o que dizes! Já enlouqueceste! Antes, estavas fora de ti.

(Voltando-se para Cadmo) Vamos nós, ó Cadmo, e façamos preces por ele, não obstante a sua selvajaria, e pela cidade, para que o deus não lhes faça mal nenhum. Acompanha-me com o bastão enfeitado de hera, faz por apoiar o meu corpo, e eu o teu. É vergonha que tombem dois anciãos. Seja como for, deve servir-se Baco, o filho de Zeus. Penteu, que o seu nome de desgraça[27], não carreie para o teu lar a desdita, ó Cadmo! Não

[27] Outro exemplo de etimologia a partir do nome, ou até de alteração deste para o adaptar ao seu destino na peça, se realmente Hecateu, fr. 31 Jacoby, lhe chamara Tentheus (apud Dodds, ad locum). Pentheus seria da família de πένθος ("desgosto", "dor"). Note-se que a procura de um sentido profético do nome (*nomen omen*, como diziam os latinos), não extinta ainda hoje, tinha o seu modelo na *Odisseia* , em relação a Ulisses (19.339-412), se é que o passo é antigo. A prática era suficientemente corrente para Aristóteles, *Retórica II* 1400 b 17-28, que cita, entre outros, um fragmento de Querémon que contém um jogo de palavras sobre este mesmo nome, o classifique entre os seus *topoi* : é o τόπος ἀπὸ τοῦ ὀνόματος.

falo como profeta, mas pelos factos. Como louco que é, são loucuras o que diz.

(Saem Tirésias e Cadmo, apoiando-se um ao outro)

CORO

Reverência[28], senhora dos deuses, *estrofe*
Reverência, que sobre a Terra
passas tua asa dourada,
ouves de Penteu as palavras?
Ouves a irreverente
insolência para com Brómio,
de Sémele o filho, ele que nos festins
de belas coroas está à frente
dos bem-aventurados? Ele a quem pertence
fazer cessar os cuidados
dançar no tíaso,
rir ao som da flauta,
fazer cessar os cuidados,
quando ao banquete dos deuses
chega o brilho dos cachos,
e nos festins de hera engrinaldados,
o *krater*[29] derrama o sono
sobre os homens.

---

[28] Com a facilidade que os Gregos tinham de passar da personificação à divindade, *Hosia* , "Reverência" ou "Veneração" é aqui dada como senhora dos deuses (não usamos a versão "Santidade" para evitar conotações éticas e religiosas ausentes do culto dionisíaco; no entanto, o P.e A.J. Festugière, "Euripide et les Ménades", 13, não hesitou em dizer "Sainteté"). Sobre este complexo fenómeno das personificações, vide W. Burkert, *Griechishe Religion der archaischen und klassischen Epoche* (Stuttgart 1977), 286-288 e bibliografia aí citada.

Note-se que já havia personificações destas na *Ilíada* (9.502-512), embora o maior número se encontre na *Teogonia* 224-231. No v.526 desta mesma peça, Diónisos receberá o nome de Ditirambo. Mais adiante, no v.585, é invocado o espírito soberano do Terramoto.

[29] Sobre esta forma de vaso e a sua presença nos banquetes, vide supra, nota 18.

De bocas sem freio *antístrofe*
e loucura sem lei
o fim é a desdita.
Mas a vida tranquila
e o bom senso, esses,
permanecem inabaláveis
e mantêm firmes as casas.
Pois longe, mesmo morando no éter,
os deuses celestiais contemplam os actos humanos.
Esperteza não é sabedoria,
nem ter pensamentos acima dos mortais.
Curta é a vida; sendo assim,
quem anda atrás de grandezas,
perderá o que tem à mão.
De loucos e desvairados
é, para mim, de tais homens
o proceder.

Quem me dera ir para Chipre *estrofe*
essa ilha de Afrodite,
onde habitam os Amores
que enfeitiçam os mortais,
para Pafos, que fecunda
não a chuva, mas as correntes do bárbaro rio
de cem bocas.
Ou para a mansão das Musas,
a formosa Piéria,
pendor sagrado do Olimpo[30]!

---

[30] Esta estrofe exprime o desejo de evasão, primeiro para locais famosos do culto de Afrodite, depois para a Piéria, nas vertentes do Olimpo, lugar de nascimento das Musas. O motivo é corrente em Eurípides (cf. *Hipólito* 732-751, *Helena* 1478-1486). Neste passo, a dificuldade reside na referência a Pafos, localidade a sudoeste de Chipre, como local fecundado pelas "correntes do bárbaro rio de cem bocas", que parece dever ser o Nilo. A este propósito, Dodds comenta que talvez o dramaturgo estivesse a aludir à crença, ainda viva entre os camponeses cipriotas e referida em 1816 pelo viajante turco Ali Bey, de que as fontes da ilha eram alimentadas, não pela chuva, mas pela água do Nilo, que passava por baixo do mar.

As várias hipóteses propostas para esclarecer este passo foram recentemente historiadas e discutidas, com base em argumentos tanto literários como

Brómio, ó Brómio, leva-me para aí!
Evoé! Leva, ó deus, as Bacantes!
Aí moram as Graças,
Aí mora o Desejo! Aí é lícito às Bacantes
celebrar as orgias.

O deus, filho de Zeus, *antístrofe*
compraz-se em festins,
ama a Paz, que concede o bem-estar,
a deusa criadora dos jovens.
Em igual medida, a ricos
e modestos outorga do vinho
o deleite sem pena.
Mas aborrece aqueles que não cuidam,
de dia ou durante a noite amiga,
de viver o bem-estar,
e de reter, com sensatez, o coração e o espírito
longe dos homens que se põem nas alturas.
Aquilo que a maioria
o vulgo, tem por boa prática,
é isso que eu quereria aceitar.

(Entram servos, com Diónisos algemado)

SERVO

Aqui estamos, Penteu. Apanhámos esta caça a que nos mandaste, e o nosso empenho não foi em vão. Este animal selvagem foi para nós manso, não se pôs em fuga, antes nos estendeu as mãos sem relutância, sem empalidecer, sem alterar a

---

geográficos, por Olivier Masson, "Euripide, Bacchantes 402-408 et le fleuve de Paphos", *Revue des Études Grecques* 103 (1990) 355-369, que chega à conclusão de que é possível manter o texto dos manuscritos, sem entender necessariamente que o rio de cem bocas seja o Nilo, mas antes o Satrachos ou Setrachos, conhecido de Lícofron, Catulo e Nono, o qual, com mais outros dois que correm próximo, permite ver, a menos de 4 km, três embocaduras, "que se sucedem rapidamente" e poderão ter inspirado "aos Páfios, como aos marinheiros e viajantes antigos, outras observações e lendas susceptíveis de fornecer um ponto de partida à imaginação e à ampliação poética" (p. 363).

sua face rosada. Com um sorriso, convidou-me a aprisioná-lo e a trazê-lo, e ficou à espera, facilitando-me a tarefa. E eu, com vergonha, disse-lhe: "Estrangeiro, não é por minha vontade que te levo, mas por ordem de Penteu, que me mandou".

Quanto às Bacantes a quem impediste o caminho, que arrebataste e ataste com cadeias na prisão pública, estão soltas e vão pelas clareiras das montanhas, aos saltos, a invocar o deus Brómio. Por si mesmas, soltaram-se-lhes dos pés as cadeias e as trancas deixaram franquear as portas sem que mão humana lhes tocasse. Este homem chegou à nossa cidade de Tebas com milagres em profusão. O resto é contigo.

PENTEU

(*Para os servos*) Soltem-lhe as mãos (*Os servos retiram-lhe as algemas*). Agora que está nas minhas redes, não será tão ágil que possa escapar-se de mim. (*Voltando-se para Diónisos e examinando-o com cuidado*) A verdade é que não és desgracioso de corpo, ó estrangeiro, pelo menos para o gosto das mulheres, por quem vieste a Tebas. Os teus cabelos compridos, porque não lutas nas palestras, caem-te pelas faces, plenos de desejo. Graças aos teus cuidados, possuis uma tez branca, conservada, não aos raios do Sol, mas no recato da sombra, e com a tua beleza consegues captar as graças de Afrodite[31]. Mas diz-me, primeiro que tudo, qual é a tua origem.

DIÓNISOS

Não há qualquer dificuldade. Fácil é dizê-lo. Já ouviste falar da montanha florida de Tmolo.

---

[31] Já anteriormente Penteu caracterizara Diónisos como "um mago com encantamentos, de cabelos perfumados, com louros caracóis, com o fascínio propício de Afrodite nos olhos" (vv.234-236) ou como "estrangeiro efeminado" (v.353). Esta apreciação feita de perto, que, ao mesmo tempo descreve a aparência do actor, reencarece os mesmos motivos. Winnington-Ingram, *Euripides and Dionysus*, 74, observa com agudeza: " O seu [de Penteu] interesse nele, em todo o caso, é inegável e confina com o fascínio (...) Agora, é com uma inveja e desejo inconsciente que olha para ele face a face; e das acusações convencionais que faz à sua aparência luxuriosa emerge algo de diferente do desprezo".

PENTEU

Eu sei. É a que fica em volta da cidade de Sardes.

DIÓNISOS

É daí que eu sou. A Lídia é a minha pátria.

PENTEU

Donde vêm esses mistérios que trazes para a Grécia?

DIÓNISOS

Diónisos nos iniciou, esse filho de Zeus.

PENTEU

Há na tua terra um Zeus, que cria deuses novos?

DIÓNISOS

Não. É aquele que neste sítio desposou Sémele.

PENTEU

Foi de noite ou à luz do dia que ele te deu ordens?

DIÓNISOS

Eu vi-o a ele, e ele a mim, e entregou-me os seus ritos.

PENTEU

E esses teus ritos que forma têm?

DIÓNISOS

Não se podem explicar aos mortais não-iniciados.

PENTEU

E dão alguma vantagem a quem os pratica?

DIÓNISOS

Não te é lícito ouvi-lo, mas vale a pena sabê-lo.

PENTEU

Hábil artifício, para me fazer desejá-lo.

DIÓNISOS

Os nossos ritos têm horror à impiedade.

PENTEU

Dizes que viste claramente o deus, tal como ele era?

DIÓNISOS

Era como queria, e não fui eu que o mandei.

PENTEU

Mais uma evasiva perfeita, que nada diz.

DIÓNISOS

Ao ignorante parece não pensar bem quem disser coisas sensatas.

PENTEU

Foi a nós que trouxeste primeiro esse deus?

DIÓNISOS

Todos os bárbaros celebram os seus ritos.

PENTEU

Têm bem menos senso que os Gregos.

DIÓNISOS

Têm muito mais, sem dúvida; os costumes é que são diferentes.

PENTEU

Executas as cerimónias de noite ou de dia?

DIÓNISOS

De noite, a maior parte; as trevas são sagradas.

PENTEU

Dolo e fraude, para apanhar as mulheres.

DIÓNISOS

Também de dia se podem praticar acções vergonhosas.

PENTEU

Pagarás a pena dos teus sofismas deletérios.

DIÓNISOS

E tu, da tua ignorância e impiedade para com o deus.

PENTEU

É atrevido este seguidor de Baco e não lhe falta o treino a argumentar!

DIÓNISOS

Diz lá o que tenho de sofrer. Que horrores me queres fazer?

PENTEU

Primeiro que tudo, vou cortar-te as finas madeixas.

DIÓNISOS

A minha cabeleira é sagrada; é para o deus que a deixo crescer[32].

---

[32] Dedicar a cabeleira a um deus num determinado prazo e condições era o que tinha feito o pai de Aquiles, se o filho regressasse da guerra de Tróia. Mas Aquiles, que sabe que não voltará, porque escolheu vingar a morte de Pátroclo, corta-a em honra do amigo (*Ilíada* 23. 140-153). Esta famosa cena é uma das que foram criticadas por Platão (*A República* 391 b).

Note-se que no episódio de *As Bacantes*, a resposta do deus faz parte do jogo de ambiguidades em que se compraz durante todo o interrogatório. Assim a questão da sua identidade com Diónisos fica sempre em aberto, embora esteja quase a resolver-se pela afirmativa nos vv.502 e 518.

PENTEU

Em seguida dá-me esse tirso que tens nas mãos.

DIÓNISOS

Vem cá tu em pessoa tirar-mo. A Diónisos pertence este tirso que eu trago.

PENTEU

Guardaremos o teu corpo dentro da prisão.

DIÓNISOS

O deus em pessoa me libertará, quando eu quiser.

PENTEU

Certamente, quando estiveres no meio das Bacantes e o invocares!

DIÓNISOS

E, mesmo agora, ele está perto de mim e vê o que eu sofro.

PENTEU

E onde é que ele está? Aos meus olhos, pelo menos, não é visível.

DIÓNISOS

Está onde eu estou. Mas tu, devido à tua impiedade, não o avistas.

PENTEU

(*Para os servos*) Agarrem-no! Este homem despreza-me a mim e a Tebas!

DIÓNISOS

Digo-te que não me prendas — e é um ser sensato que fala para quem o não é.

PENTEU

E eu digo-te que te prendo, e tenho mais força do que tu.

DIÓNISOS

Não sabes o que vale a tua vida, nem os teus actos, nem quem tu és.

PENTEU

Sou Penteu, filho de Agave; o meu pai foi Equíon.

DIÓNISOS

O teu nome é apropriado a quem há-de sofrer penas[33].

PENTEU

Anda! (*Para os servos*) Aferrolhem-no nos estábulos aqui perto, para que ele contemple a obscuridade das trevas. Vai dançar para lá! E essas mulheres que trouxeste contigo para serem comparsas das tuas malfeitorias, ou as vendo, ou ponho termo ao ruído das suas mãos a bater nos tamboris, e apodero-me delas como escravas, para as pôr ao tear.

DIÓNISOS

Estou pronto para ir. Porque o que não há-de cumprir-se, não hei-de sofrê-lo. Fica, porém, a saber que a pena destes ultrajes, Diónisos ta fará expiar, esse deus que tu afirmas não existir. Porque, ao fazeres mal a mim, é a ele que queres pôr a ferros.

(Sai Penteu, enquanto Diónisos é levado pelos servos)

CORO

....
Ó filha augusta de Aqueloo[34], *estrofe*
Dirce, donzela bem-aventurada,
foste tu que um dia nas tuas nascentes

---

[33] Sobre o sentido deste comentário de Diónisos, vide supra, nota 27.

[34] Supõe-se aqui a falta de um verso, devido à ausência de correspondência métrica com a antístrofe.

O Coro dirige-se a Tebas, pátria de Baco, cujo nascimento excepcional volta a recordar. Nas suas águas, primeiro referidas genericamente como de Aqueloo, o maior rio grego, considerado pai de todos os outros, depois parti-

tomaste o filho de Zeus,
quando do fogo imortal
Zeus, seu pai, o arrebatou
e ocultou na sua coxa, soltando este grito:
"Anda, Ditirambo, avança
para este másculo útero que é meu.
A Tebas te revelo, ó Báquico ser,
para que assim ela te nomeie".
E tu, Dirce bem-aventurada,
repeles os tíasos coroados,
quando nas tuas margens os celebro?
Porque me rejeitas? Porque me foges?
Hás-de ainda — juro pelo encanto
dos cachos da vinha de Diónisos —
hás-de ainda com Brómio ter cuidado.

Ó quanta, quanta fúria *antístrofe*
revela o filho da Terra,
o rebento do dragão de antanho,
Penteu, a quem Equíon, da Terra nascido,
deu o ser,
aquele monstro de fero rosto,
não um ser humano, mas um gigante
assassino que luta contra os deuses.
Em breve ele me apertará nos seus laços,
a mim, que sou servidora de Brómio,
e dentro de casa retém já
o chefe do meu tíaso,
oculto em tenebrosa prisão.
Vês isto, ó filho de Zeus,
Diónisos, vês os teus pregadores
em luta contra a opressão?
Vem! Desce do Olimpo,
Senhor, brandindo o teu dourado tirso,
detém a insolência deste homem sanguinário.

---

cularizadas em Dirce, a fonte de um dos dois rios da cidade, foi lavado o pequeno deus, duas vezes nascido, que aqui recebe de Zeus o nome de Ditirambo (vide supra, nota 28), talvez usado com a etimologia que lhe davam os antigos ("o que passou duas vezes pela porta do nascimento"). A real etimologia da palavra, que habitualmente designa uma forma lírica especial, em honra de Diónisos, ainda não está definitivamente esclarecida.

Para que sítio de Nisa, de feras criador, *epodo*
ou para que alturas
corícias é que o teu tirso conduz,
ó Diónisos, o tíaso?
Talvez nos frondosos recessos
do Olimpo, no lugar onde outrora
Orfeu, ao som da cítara,
com a sua música atraiu as árvores,
atraiu as feras selvagens.
Ó feliz Piéria,
Évios presta-te honras, irá
dançar com báquicos ritos,
cruzará do Áxios
a torrente veloz, conduzirá
as Ménades em turbilhão,
e passará o pai Lídias,
o que aos mortais a prosperidade
e o bem-estar outorga, aquele de quem ouvi
que com suas águas formosas
nutre a região dos belos corceis[35].

(Ouve-se a voz de Diónisos, de dentro do palácio)

DIÓNISOS

Iô!
Escutai, escutai a minha voz
Iô! Bacantes! Iô! Bacantes![36]

---

[35] Todos estes lugares — Nisa, Parnaso (as "alturas Corícias") estão relacionadas com Diónisos. De passagem, faz-se referência ao mito de Orfeu, que com a sua música atraía as árvores e os animais, "um retrato do domínio sobre as forças naturais selvagens e potencialmente destrutivas", como sugere Marylin Arthur, "The choral odes of the Bacchae of Euripides", 158.

O deus recebe aqui o título de Évios (v.566), relacionado com o grito ritual "Evoé", que ecoara no párodo.

São ainda mencionados os rios Áxios e Lídias, ambos no caminho da Piéria e ambos da Macedónia, facto em que Dodds vê uma provável forma de agradar ao rei que hospedara então Eurípides.

[36] Com este chamamento de Diónisos, de dentro do palácio, principia um diálogo lírico com uma exclamação ("Iô") própria do âmbito religioso, que termina com o Coro prostrado em adoração. O Coro sabe que a voz é a do deus, a quem chama Évios (cf. nota anterior), o que o próprio confirma (v.581).

CORO

Que grito, que grito é este e donde vem
o chamamento de Évios?

DIÓNISOS

Iô! Iô! volto a dizer!
É o filho de Sémele, o filho de Zeus.

CORO

Iô! Iô! Senhor, meu senhor,
Vem ter com o nosso tíaso,
ó Brómio, meu Brómio!

DIÓNISOS

<Abala> o solo da Terra, espírito soberano do Terramoto!

(*Ouve-se um trovão*)

CORO

Ah! Ah!
Em breve o palácio de Penteu
será abalado até cair.
Diónisos está no palácio.

Sob o ponto de vista de encenação, é este o passo mais discutido do drama. Efectivamente, no v.585, depois de evocar a personificação do Terramoto (vide supra, nota 28), o coro afirma que se deslocou a arquitrave do pórtico do palácio (vv.591-592) e que se acendeu a chama no túmulo de Sémele (vv.596-599). Tudo isto podia ser representado na cena com maior ou menor realismo. P. Arnott, *An Introduction to the Greek Theatre* (London 1959), 44-46, e *Greek Scenic Conventions* (Oxford 1962), 124-129, pensa que, como é habitual no teatro grego, a descrição poética substitui a materialização dos factos. No entanto, a previsão do Coro nos vv.587-588 ("em breve o palácio de Penteu será abalado até cair") e a ordem de Diónisos no v.585 ("incendeia, incendeia de Penteu o palácio") não se cumprem inteiramente, e nem Penteu nem, mais tarde, o Mensageiro aludem às modificações ocorridas. Por todos estes motivos, os críticos chamados "racionalistas", como Verrall, entenderam que era uma simples alucinação do Coro. Quando tal sucede, porém, como notaram Dodds e Kirk, o dramaturgo encontra sempre um meio de esclarecer o espectador. Além de que, nos vv.622-624, Diónisos, na sua figura mortal, confirma os acontecimentos.

Prestai-lhe culto. — Nós lho prestamos.
(Uma parte da arquitrave desloca-se)
Vedes como a pétrea arquitrave
sobre as colunas se abriu? É Brómio
que ergue o seu grito dentro destes muros.

DIÓNISOS

Acende do raio o facho ardente.
Incendeia, incendeia de Penteu o palácio.

(Do túmulo de Sémele ergue-se uma chama)

CORO

Ah! Ah!
Não vês, não avistas o fogo,
em volta do sagrado túmulo de Sémele,
a chama que um dia deixou, do trovão de Zeus,
pelo raio atingida?
Lançai para o chão os vossos corpos trementes
lançai-os, ó Ménades! Porque, derrubando o que se elevara,
cai, sobre este palácio o nosso soberano,
o filho de Zeus.

(O coro prostra-se no chão. Diónisos sai do palácio)

DIÓNISOS

Mulheres bárbaras[37], que medo foi esse que vos feriu, a ponto de cairdes ao chão? Sentíeis, me parece, Baco abalar o palácio de Penteu. Mas vamos! Erguei vossos corpos e confiai, afastai de vós o tremor.

CORO

(Erguendo-se) Ó luz suprema, para nós, do êxtase dionisíaco, com que deleite te vejo, como me sinto apaziguar!

---

[37] O qualificativo de "bárbaras", dado às mulheres do Coro, não é pejorativo, motivo por que alguns autores traduzem por "Asiáticas". Na verdade, equivale apenas a "não-gregas".

DIÓNISOS

Tínheis atingido o desespero, quando me mandaram precipitar nos calabouços sombrios de Penteu?

CORO

Como não? Quem me guardaria, se te acontecesse uma desgraça? Mas como te libertaste de homem tão ímpio?

DIÓNISOS

Eu mesmo me libertei, facilmente, e sem esforço.

CORO

Mas ele não te amarrou as mãos ambas em laços que te prendiam?

DIÓNISOS

Aí mesmo esteve a afronta que lhe fiz: é que, julgando que me aprisionava, nem me tocou nem me agarrou; apenas se alimentava de esperanças. Encontrou um touro no estábulo para onde me levou para me encerrar[38]. Atirou-lhe um laço em volta dos joelhos e dos cascos, a resfolegar de fúria; do corpo gotejava-lhe o suor e mordia os lábios. E eu, presente a pouca distância, estava sentado e tranquilo, a olhar. Foi nessa altura que chegou Baco, que abalou o palácio e acendeu o fogo na sepultura da mãe. Assim que ele viu estes acontecimentos, julgando que a casa estava a arder, precipitava-se para aqui e para ali, mandava os servos trazer água do Aqueloo[39]. Todos os servos se lançaram ao trabalho, esforçando-se em vão. Mas, julgando que eu fugi, deixa

---

[38] Em toda esta tirada, Diónisos mantém o Coro na persuasão de que é um ser humano, facto bem patente nos vv.629-630 ("em seguida Brómio, ao que me parece — estou a dizer o que se me afigurou — forjou um fantasma no pátio"). O touro com que ele ilude Penteu (vv.618-621) é um animal ligado a este deus. Repare-se que toda a cena, de 604 a 641, está em tetrâmetros trocaicos, o primitivo metro do diálogo trágico, segundo Aristóteles, *Poética* 1449 a 20-24. Presente algumas vezes em Ésquilo, reaparece em dramas tardios de Eurípides, como este.

[39] Novamente o rio Aqueloo funciona como uma metonímia, como sinónimo de "água", a menos que entendamos, como Kirk, que se trata de um exagero próprio do espírito alucinado de Penteu.

este labor, agarra uma espada negra e precipita-se para o interior do palácio. Em seguida Brómio, ao que me parece — estou a dizer o que se me afigura — forjou um fantasma no pátio. Correndo para ele, atira-se e trespassa o éter brilhante, como se estivesse a degolar-me. Em cima disto, o deus Báquico ultraja-o ainda de outros modos: derruba por terra o edifício[40]. Tudo fica destruído, e ele viu do meu cativeiro o amargo fim. Exausto de fadiga, deixa cair a espada. É que, sendo um homem, ousara entrar em combate com um deus. Tranquilamente, saí para fora do palácio e vim ter convosco, sem curar de Penteu. *(Ouve-se um ruído, vindo do interior)* Ao que me parece — pois ressoa sem dúvida um bater de pés dentro do palácio — vai chegar à entrada dentro em breve. Depois disto, que será que ele vai dizer? Com placidez me ocuparei dele, ainda que venha a resfolegar de fúria. É que um homem sensato deve saber exercitar uma calma soberana.

(Penteu sai do palácio, muito agitado, seguido por guardas)

PENTEU

Que horrores que eu sofri! Escapou-se-me o estrangeiro, que ainda há momentos estava aferrolhado com algemas. *(Avistando o estrangeiro)* Eh! Eh! Cá está o homem! Que é isto? Como é que apareces em frente da minha casa? Como é que saíste cá para fora?

DIÓNISOS

Alto! À tua fúria põe um termo calmo!

PENTEU

Como é que fugiste aos grilhões e vieste cá para fora?

DIÓNISOS

Eu não disse — ou não ouviste?— que alguém me libertaria?

---

[40] Teremos de admitir, como Kirk, que é a parte dos estábulos, onde Diónisos se encontrava prisioneiro, que cai por terra, e não o palácio todo.

Compare-se, no final da *rhesis* do deus, a fadiga do ser humano que ousara combater com a divindade, e a tranquilidade de Diónisos (vv.634-637).

PENTEU

Quem? Vens sempre com afirmações novas.

DIÓNISOS

Aquele que, para os mortais, cria a videira de cachos abundantes[41].

PENTEU

....

DIÓNISOS

Censuras a Diónisos o que é um bem.

PENTEU

Ordeno que se feche a toda a volta a fortaleza.

DIÓNISOS

E então? Acaso os deuses não atravessam as muralhas?

PENTEU

És muito sábio, menos naquilo em que devias sê-lo.

DIÓNISOS

Aquilo em que mais se deve ser sábio, disso sou eu sabedor[42]. Mas primeiro escuta as palavras que te vem dizer este homem, vindo da montanha para te transmitir uma mensagem. Esperaremos por ti, não te fugiremos.

(Entra um boieiro)

---

[41] A lacuna após este verso foi assinalada por Reiske, uma vez que de outro modo ficaria quebrada a *stichomythia* . Verdenius, «Notes I», 349-350, nega, não só essa hipótese, como a atribuição a Penteu do v. 652, como sugere Dodds, o qual de resto, supõe que a lacuna está no verso anterior, solução que parece mais provável. Willink, «Some problems», 41-42, nega ambas as hipóteses.

[42] Note-se a insistência, mais uma vez, numa noção de sabedoria que cada um dos interlocutores entende de modo oposto.

MENSAGEIRO

Penteu, senhor deste Estado de Tebas, acabo de deixar o Citéron, onde jamais os flocos brancos de neve cessam de encontrar-se[43].

PENTEU

Que novas te trazem assim pressuroso?

MENSAGEIRO

Avistei as veneráveis Bacantes, as que fugiram desta terra, de pés descalços, num frenesi, e venho para te contar, a ti e à cidade, ó príncipe, as suas estranhas acções, que são mais do que milagres. Mas quero saber se posso narrar-te livremente o que lá se passou ou se devo limitar a minha fala? É que eu temo demasiado, ó príncipe, a prontidão da tua ira, a tua exaltação, a tua realeza.

PENTEU

Fala, que pelo meu lado, de todo serás incólume. Não devemos exaltar-nos com quem é honesto. Mas, quantas mais maravilhas disseres sobre as Bacantes, tanto mais quereremos entregar à justiça o que inspirou estas artes às mulheres.

MENSAGEIRO

Havia pouco que eu levara a manada de vitelas para o cimo da montanha, à hora em que o Sol despede seus raios para aquecer a Terra[44]. Eis que avisto três tíasos de coros de mulheres,

---

[43] O Citéron não é uma montanha de neves eternas. Dodds, que observa este facto, apelando para a sua experiência própria, supõe, com razão, que o poeta quer invocar uma condição climática própria dos rituais dionisíacos, que se efectuavam em pleno Inverno.

[44] A narrativa do Mensageiro, como frequentemente sucede em Eurípides, é uma peça literária de grande poder descritivo, em que se concentra em larga escala o elemento miraculoso. A adjectivação usada nalguns passos, embora não homérica, faz lembrar o estilo da *Ilíada* e da *Odisseia* , o que tentámos sugerir na tradução (*e.g.* "bois providos de chifres", v. 691; "virgens indómitas", v. 694).

um comandado por Antónoe, outro por Agave, tua mãe, o terceiro por Ino. Dormiam todas, com os seus corpos cansados, umas encostadas à ramagem de um abeto, outras de cabeça reclinada no solo, ao acaso, em folhas de carvalho — com decência, e não, como tu dizes, embriagadas pela bebida e som da flauta, no encalço dos dons de Afrodite, no isolamento do bosque.

Colocando-se no meio das Bacantes, tua mãe solta um clamor, para as desembaraçar do sono, assim que ouviu o mugir dos bois providos de chifres. E elas, sacudindo dos olhos o sono vivificante, endireitam-se, num prodígio de compostura, novas e velhas, e virgens indómitas[45]. Primeiro soltaram os cabelos sobre os ombros e apertavam as peles de gamo, aquelas a quem se haviam soltado os nós que as prendiam, e cingiam com serpentes, que lhes lambiam as faces, essas peles mosqueadas. Outras seguravam nos braços crias selvagens de veado ou de lobo, oferecendo o alvo leite, quantas tinham os peitos ainda túmidos de filhos que deixaram, há pouco nascidos. Coroam-se de folhas de hera, de carvalho, ou de flores de alegra-campo. Uma pega no tirso e bate com ele na rocha: fresca, jorra daí água orvalhada. Outra deixa baixar o nártex até ao solo, e por aí o deus faz subir uma fonte de vinho. As que tinham desejo da alva bebida, se arranhavam a terra com a ponta dos dedos, obtinham um jacto de leite. Dos seus tirsos de hera caía gota a gota o doce mel. De tal modo que, se estiveras presente, ao ver tais prodígios, te havias de dirigir com preces ao deus de quem agora blasfemas.

Juntámo-nos, boieiros e pastores, para discutirmos uns com os outros o que sabíamos, como eram prodigiosas e dignas de admiração as suas acções. E um, que andara pela cidade e tinha experiência de falar, disse para todos: "Ó vós que habitais os planaltos sagrados destas montanhas, quereis que vamos dar caça a Agave, mãe de Penteu, para a tirar destas orgias e prestar um favor ao soberano?" Pareceu-me que ele dizia bem e pusemo-

[45] Este é o único passo, anterior à época romana, onde se menciona a presença de virgens nos mistérios báquicos, pois todos os outros levam a crer que só mulheres casadas podiam atingir o estatuto de Bacantes. Muito mais tardiamente, Diodoro 4.3 também se lhes refere. Cf. W. Burkert, *Ancient Mystery Cults*, 105 e nota 98.

[46] Título de Diónisos usado em Elêusis e em Atenas.

-nos de emboscada, ocultando-nos na folhagem dos arbustos. À hora marcada, começaram a agitar o tirso para as Bacanais, invocando em uníssono Brómio, o filho de Zeus, com o nome de Iaco[46]. Com elas, toda a montanha e as feras celebraram os rituais báquicos, e, com as suas correrias, nada ficava imóvel[47].

Sucede que Agave deu um salto perto de mim. Salto eu também, com o intento de a apanhar, deixando vazio o esconderijo onde ocultara o meu corpo. Ela ergueu um grito: "Ó meus cães de fila, estamos a ser caçadas por estes homens. Sigam-me, sigam-me, com as mãos armadas de tirsos!"

Fugimos então e livrámo-nos de sermos dilacerados pelas Bacantes, mas elas, com mãos desguarnecidas de ferros, atacaram os bezerros que andavam a pastar na verdura. Podia ver-se uma delas com uma vitela de úberes distendidos, a mugir, nos seus braços abertos; outras reduziam vacas a pedaços. Ver-se-iam costelas ou cascos fendidos atirados para aqui e para ali, que ficavam pendurados dos abetos, a gotejar sangue. Touros que antes eram arrogantes, com uma fúria que subia até às pontas dos chifres, deixavam cair na terra, vacilantes, os seus corpos, dominados por milhares de mãos de raparigas. Mais depressa o revestimento de carne lhes era arrancado, do que o tempo que levarias a fechar as pálpebras sobre os teus régios olhos. Como pássaros arrebatados pela sua própria velocidade, correm pelas planuras que se estendem ao longo da corrente do Asopo, produtoras das abundantes messes de Tebas. Abateram-se sobre Hísias e Eritras[48], que ficam na região montanhosa do Citéron, na sua parte mais baixa; como se fossem inimigos de guerra, atiraram-se a esses lugares, revolvendo tudo de alto a baixo. Arrebataram até crianças de dentro de casa. Tudo quanto punham aos ombros, sem estar amarrado, não caía no solo negro, ainda que fosse bronze ou que fosse ferro. Levavam fogo nas suas madeixas, e elas não ardiam.

Os habitantes, enfurecidos com o saque da Bacantes, correm para as armas. Espectáculo terrível de se ver, senhor! É que as lanças pontiagudas não as faziam sangrar, mas elas, soltando

---

[47] À *oreibasia* que aqui engloba a própria paisagem e as feras, vai seguir-se de súbito o *sparagmos* praticado nos rebanhos dos pastores.

[48] Mencionam-se aqui o Asopo, rio que corre entre Tebas e o Citéron, e duas aldeias das cercanias, Hísias e Eritras.

das mãos os tirsos, feriam-nos e obrigavam-nos a voltar as costas e a fugir — as mulheres, aos homens —, não sem a ajuda de algum deus. Acorreram de novo ao lugar de onde haviam partido, para junto daquelas mesmas fontes que o deus fizera jorrar para elas. Lavaram o sangue; e as gotas das suas faces, as serpentes, com as línguas, limparam-lhas da pele.

Portanto, senhor, a este deus, seja ele quem for, recebe-o nesta cidade. É que grande é ele em muita coisa, mas dizem, segundo oiço, que foi quem deu aos mortais o vinho que dissipa aflições. E, se o vinho não existir, não há Cípria nem mais nada que seja deleitoso para os mortais.

CORO

Temo falar com liberdade diante do soberano, mas, mesmo assim, falarei: Diónisos não fica abaixo de nenhum outro deus.

PENTEU

Já está tão perto que lampeja como fogo esta insolência das Bacantes, este descrédito imenso aos olhos dos Gregos. Mas não há que hesitar. (*Para um dos guardas*) Dirige-te à Porta Electra[49]. Manda comparecer todos os meus soldados armados de escudos e os que montam cavalos de patas velozes, quantos homens sabem brandir escudos leves e fazer retinir com a mão as cordas dos seus arcos, a fim de que partamos a combater as Bacantes. É que passa das marcas, se sofrermos o que estamos a sofrer às mãos de mulheres.

(O boieiro retira-se)

DIÓNISOS

Tu não obedeces às palavras que me ouves dizer, ó Penteu. Apesar de maltratado por ti, ainda te digo que não deves pegar em armas contra um deus, mas ficar sossegado. Brómio não con-

[49] A Porta Electra, uma das sete da cidade de Tebas (cf. v. 919) ficava voltada para Sul.

sentirá que afastes as Bacantes das montanhas que ouviram o Evoé[50].

PENTEU

Deixa-te de pregações! Estavas prisioneiro. Escapaste. Conserva esse benefício. Ou queres que eu volte atrás com o castigo?

DIÓNISOS

Se fosse eu, antes lhe fazia sacrifícios, em vez de recalcitrar, furioso, contra o aguilhão, eu, um mortal, contra um deus!

PENTEU

Sacrificarei, sim, o sangue das mulheres, como merecem, soltando-o em abundância nos vales de Citéron.

DIÓNISOS

Todos fugireis. Que vergonha, fazer retroceder escudos forjados em bronze perante os tirsos das Bacantes!

PENTEU

Estou enredado neste estrangeiro e não me livro dele. Nem sofrendo, nem sendo ele a actuar, nunca se cala.

DIÓNISOS

Senhor, ainda é possível resolver tudo a bem.

PENTEU

Fazendo o quê? Tornando-me servo das minhas servas?

---

[50] Principia aqui a famosa cena da tentação de Penteu. Diónisos tenta (pelo menos aparentemente) reconduzi-lo à razão. Se a sua intenção é conciliadora ou não, é ainda objecto de discussão entre os exegetas. O que é certo é que há uma viragem no v. 810, quando o deus muda de táctica e começa um ataque ao lado oculto dos desejos profundos de Penteu. "O perseguidor é traído pelo que ele quer perseguir — a ânsia dionisíaca no seu interior", como escreve Dodds. A investidura que vai seguir-se é o símbolo exterior da mudança: aos argumentos de Penteu vão caindo uns após outros, até à completa submissão ao plano maquiavélico do deus. No entanto, até ao v. 845, Penteu mantém uns restos de autoritarismo. Diónisos, porém, sabe que "o homem caiu na rede" (vv. 847-848). Quando Penteu voltar a sair do palácio, no v. 917, o delírio será completo.

DIÓNISOS

Trago-te aqui as mulheres sem usar de armas.

PENTEU

Ai de mim! Já está a tramar um ardil contra mim.

DIÓNISOS

Qual, se o que eu quero é salvar-te pelas minhas artes?

PENTEU

Foi esse o pacto que celebrastes, para poderdes continuar sempre as orgias.

DIÓNISOS

Celebrei-o, sem dúvida — até aí é verdade — mas com o deus.

PENTEU

(*Para os servos*) Tragam-me aqui as armas! (*Para Diónisos*) E tu, põe termo às tuas palavras!

DIÓNISOS

Eh!
Querias vê-las sentadas ao pé umas das outras, nas montanhas?

PENTEU

Bem queria! Dava por isso um imenso peso de ouro.

DIÓNISOS

Como foste cair nesse veemente desejo?

PENTEU

Custar-me-ia muito vê-las embriagadas.

DIÓNISOS

Mesmo assim verias com gosto esse espectáculo penoso?

PENTEU

Não tenhas dúvidas! Sentava-me, silencioso, debaixo dos abetos.

DIÓNISOS

Mas elas vão-te na peugada, ainda que chegues a ocultas.

PENTEU

Então irei às claras. Disseste bem.

DIÓNISOS

Queres então que te levemos e empreendamos a jornada?

PENTEU

Conduz-me quanto antes. Levo a mal a tua demora.

DIÓNISOS

Reveste então o teu corpo de uma túnica de linho.

PENTEU

Que quer isso dizer? De homem vou passar a mulher?

DIÓNISOS

Para evitar que te matem, se lá te vislumbrarem como homem.

PENTEU

Mais uma vez disseste bem. Tens sido homem sempre de siso!

DIÓNISOS

Foi Diónisos que nos inspirou.

PENTEU

E então como hei-de pôr em prática os teus bons conselhos?

DIÓNISOS

Entro contigo no palácio e vou vestir-te.

PENTEU

Com que veste? De mulher? Sinto vergonha!

DIÓNISOS

Já não tens empenho em contemplar as Ménades?

PENTEU

Que veste é que dizes que vais enfiar no meu corpo?

DIÓNISOS

Da tua cabeça farei pender uma longa cabeleira.

PENTEU

E qual é a segunda característica do meu adereço?

DIÓNISOS

Uma túnica até aos pés. Na cabeça terás uma fita.

PENTEU

E, além disso, ainda vais pôr-me mais algum adorno?

DIÓNISOS

Um tirso na mão e uma pele mosqueada de veado.

PENTEU

Não sou capaz de enfiar uma veste feminina.

DIÓNISOS

Mas farás correr sangue, se entrares em luta com as Bacantes.

PENTEU

Está certo. É preciso, antes de tudo, ir espiar.

DIÓNISOS

É bem mais sensato do que provocar a desgraça com outras desgraças.

PENTEU

840 E como hei-de atravessar a cidade sem que os filhos de
Cadmo se apercebam?

DIÓNISOS

Vamos por caminhos desertos. Eu serei o teu guia.

PENTEU

Tudo vale mais do que as Bacantes escarnecerem de mim. (*Voltando-se para a porta*) Depois de entrarmos em casa ... vou deliberar sobre o que me parecer melhor.

DIÓNISOS

Está bem. De toda a maneira, estou disponível para o que for preciso.

PENTEU

845 Penso que vou entrar. Pois ou avançarei com as armas ou
obedecerei aos teus conselhos.

(Penteu entra no palácio)

DIÓNISOS

848 Mulheres, o homem caiu na rede! Vai ao encontro das
847 Bacantes, onde pagará a pena com a morte.
Diónisos, agora é contigo! Não estás longe. Castiguemo-
850 -lo. Primeiro fá-lo sair do seu juízo, insuflando-lhe um delírio
oscilante. É que, se ele estiver no seu bom senso, não quererá
enfiar uma veste mulheril; mas, se se tresmalhar do caminho do
juízo, revesti-la-á. Anseio por que ele se torne motivo de troça

para os Tebanos, assim levado pela cidade em forma de mulher, depois daquelas ameaças de outrora, que causavam terror. E agora vou, e, depois de pegar no adereço com que partirá para o Hades, degolado pelas mãos maternas, ajustá-lo-ei a Penteu. Reconhecerá então Diónisos, filho de Zeus, dotado de essência divina, para os homens o mais temível, mas também o mais doce.

(Diónisos entra no palácio)

CORO

Quando será que dançarei toda a noite[51] *estrofe*
de pés descalços, em êxtase,
lançando para trás o colo,

---

[51] O Coro entoa o terceiro estásimo, considerado um dos mais belos de Eurípides. Restituída a esperança pelas últimas profecias de Diónisos, sonha com uma *pannychis* ("toda a noite"), "de pés descalços, em êxtase", no meio da natureza. Um longo símile, à maneira homérica, traz consigo o modelo de uma cena de caça — a caça que, como tem sido notado por vários autores, é um dos temas centrais da peça. Com a frescura desta cena transcorrida na verdura intacta da floresta, que ocupa a estrofe, vem contrastar o refrão, que, retomando o tema da *sophia*, entrelaça com ele o da beleza — mas uma beleza que assenta no triunfo sobre o inimigo e à qual subjaz, portanto, o prazer da vingança. Alguns autores entendem mesmo que o que o Coro quer significar é que a sabedoria não importa, se comparada com o gosto da reivindita. Winnington-Ingram, "Euripides' Bacchae 877-881 = 897-901", toma a primeira pergunta como "uma fórmula de rejeição" e escreve que o Coro rejeita a sabedoria e "a sugestão (feita por homens sábios) de que haja alguma coisa mais valiosa do que a vingança" (p. 36). Por sua vez, Willink, «Some problems», 231, vê aqui a primeira tentativa de oposição entre τὸ σοφόν e ὅ τι καλόν.

A antístrofe desenvolve o pensamento da superioridade do poder divino, dos perigos da impiedade, da necessidade de moderação. Os cinco versos finais são particularmente difíceis de interpretar. Entendemos, como Dodds, que ὅ τι ποτ' ἄρα τὸ δαιμόνιον (v. 894) é "uma expressão de humildade religiosa em face do incognoscível", na mesma linha do começo do Hino a Zeus, no párodo do *Agamémnon* de Ésquilo ("Zeus, seja qual for o seu nome" — v. 160), e ainda que esse verso vem complementar o deítico τόδε da frase anterior. Também na esteira do mesmo helenista, julgamos que a antinomia corrente no séc. V a.C. entre νόμος ("lei") e φύσις ("natureza"), posta em voga pelos Sofistas, é aqui resolvida em termos de complementaridade, o que anteciparia a solução dada por Platão nas *Leis* 890d. Por outro lado, a substituição de τόδ' por τάδ' em 893, proposta por Willink, «Some problems» 231, embora paleograficamente muito simples, não facilita o entendimento do verso seguinte.

para o ar orvalhado,
como um gamo que folga
na verde alegria do prado,
quando escapou da caça perigosa,
liberto do aro vigilante,
passadas as bem tecidas redes,
e quando o caçador, com seus gritos,
faz estugar o passo dos mastins?
Em correrias esforçadas e em velozes
rajadas galopa pela planura
à beira do rio, sorvendo o prazer
dos lugares desertos de homens e de rebentos
de umbrosas folhas da floresta.

O que é a sabedoria? Ou que dádiva mais bela
dos deuses, aos olhos dos homens,
do que manter a mão segura
sobre a cabeça do inimigo?
O que é belo é sempre estimado.

antístrofe

Custa a avançar; mesmo assim
pode confiar-se
no poder divino. Exige contas aos mortais,
àqueles que prestam culto à intransigência
e, com desvairado pensar,
não fomentam as honras divinas.
De maneira subtil ele oculta
a longa passada do tempo,
dando caça ao ímpio. É que jamais
deve conhecer-se ou praticar-se
algo que esteja acima das regras.
Pequeno é o esforço de ver
que aí reside a força,
aí, no divino, seja ele qual for,
no que ao longo do tempo é tido
por lei perene, na natureza fundada.

O que é a sabedoria? Ou que dádiva mais bela
dos deuses, aos olhos dos homens,
do que manter a mão segura
sobre a cabeça do inimigo?
O que é belo é sempre estimado.

epodo

Ditoso aquele que, do mar, esquivou
a borrasca, e o porto alcançou.
Ditoso aquele que ao sofrimento venceu.
De modos diversos uns superam
os outros em ventura e poderio.
Há ainda esperanças às miríades,
para miríades de seres; há
as que se cumprem no bem dos mortais
e há as que se desvanecem.
Àquele que, no dia a dia, goza de uma vida
ditosa, a esse felicito[52].

(O estrangeiro sai do palácio e chama para dentro)

DIÓNISOS

É a ti que eu falo, a ti que estás ansioso por veres o que não deves, por alcançares o que não havias de procurar — a ti, Penteu! Vem para defronte do palácio, deixa-me ver-te, vestido com o traje de uma mulher, de uma Ménade, de uma Bacante, para espiares a tua mãe e a sua companhia!

(Penteu sai do palácio, vestido de Bacante, com uma túnica comprida de linho, cabeleira, diadema, e um tirso na mão)

Bem! A tua forma está a condizer com a de uma das filhas de Cadmo.

PENTEU

Vê lá! Parece-me que avisto dois sóis e duas Tebas, duas cidadelas com sete portas. E parece-me que tu, que caminhas à minha frente, és um touro, e que na tua cabeça cresceram chifres.

[52] Este epodo assume, como muito bem viu E. Fraenkel (apud Dodds, *comm. ad locum*) a forma de um priamel, processo estilístico muito usado por Píndaro, que consiste na acumulação paratáctica de várias sentenças que vão culminar na afirmação final. Aqui, de vários tipos de felicidade, alcança o topo aquele que consiste simplesmente no bem-estar imediato, dentro da modesta limitação temporal do dia presente.

Acaso foste sempre um animal? O certo é que agora te transformaste em touro[53].

DIÓNISOS

O deus acompanha-me: ele que dantes não nos era propício, é nosso aliado. Agora sim, vês o que deves ser.

PENTEU

Bem! Que tal pareço? Não tenho o porte de Ino ou de Agave, minha mãe?

DIÓNISOS

Olho para ti e é como se estivesse a olhar para elas em pessoa. Mas repara que este anel do teu cabelo saiu do sítio, e já não está como eu o ajustei debaixo do diadema.

PENTEU

Fui eu, quando andei lá dentro a sacudir-me para a frente e para trás, como uma Bacante, que assim o tirei do lugar.

---

[53] Se é alucinação, se efeito do deus do vinho o que Penteu sofre a partir daqui, é questão muito discutida desde a Antiguidade. A este propósito, Dodds observa que a dupla visão é também um sintoma frequente em doentes histéricos. R. Seaford, depois de ter sustentado em 1981 em "Dionysiac Drama and the Dionysiac Mysteries", que muito da experiência de Penteu derivava do ritual de iniciação mística, anos depois, em 1987, em "Pentheus' Vision: Bacchae 918--22", depois de reconhecer que se justifica "falar de perda de personalidade associada ao *travesti* ou de docilidade anormal e percepção exótica associada com a iniciação" (p. 77) apresentou uma outra hipótese: a de que a dupla visão pode resultar do uso de um espelho. Como argumentos, aduz o facto de um espelho desempenhar parte importante na história da morte e desmembramento do jovem Diónisos pelos Titãs, o que não estava documentado senão para a época helenística, mas poderá ser-lhe anterior, uma vez que se encontrou em Ólbia um espelho do final do séc. VI a.C. com uma inscrição que parece indicar o seu uso no ritual dionisíaco. O autor compara a situação de Penteu com a da noiva de Jasão em *Medeia* e encontra uma semelhança geral entre as duas cenas.

Ele mesmo, porém, aponta uma objecção de peso: não é prática da tragédia supor o uso de um objecto que não seja explicitamente mencionado.

Quanto à percepção da forma animalesca de Diónisos, essa visão não é, como escreve Dodds, "a fantasia de um ébrio, mas uma epifania sinistra do deus na sua incarnação de besta".

DIÓNISOS

Bem! Nós, a quem incumbe cuidar de ti, vamos colocá-lo outra vez no sítio. Mas endireita a cabeça!

PENTEU

Olha! És tu que me compões! Pois a ti estamos já rendidos.

DIÓNISOS

O teu cinto está lasso e as pregas da tua túnica não caem a direito abaixo dos tornozelos.

PENTEU

Também me parece, pelo menos do lado do pé direito. *(Olhando por cima do ombro para a perna esquerda)* Deste lado, a túnica cai certa sobre o calcanhar.

DIÓNISOS

Ainda hás-de ter-me na conta dos teus melhores amigos, quando vires, ao contrário do que julgas, como as Bacantes são sensatas.

PENTEU

É com a mão direita ou com a outra que devo pegar no tirso, para me assemelhar mais a uma Bacante?

DIÓNISOS

É com a direita, e ao mesmo tempo deves erguê-lo com o pé direito. Felicito-te pela mudança do teu estado de espírito!

PENTEU

Não achas que eu era capaz de levar aos ombros as faldas do Citéron com as próprias Bacantes?

DIÓNISOS

Eras, se quisesses. Há pouco não tinhas o espírito são, mas agora tem-lo como deve ser.

PENTEU

E se eu pegasse numa tranca? Ou devo dilacerá-las com as mãos, pondo um ombro ou um braço por baixo da montanha?

DIÓNISOS

Olha lá! Não vás derrubar as capelas das Ninfas e os lugares onde habita Pã e onde se escuta o tocar da siringe.

PENTEU

Disseste bem. Não é pela força que se devem vencer as mulheres. Ocultarei o meu corpo entre os abetos.

DIÓNISOS

Ocultar-te-ás da maneira que se deve ocultar um espião, que vai furtivamente vigiar as Ménades.

PENTEU

Vê lá! Parece-me que até estão agora no bosque, como aves que acasalam, presas na doçura do amor.

DIÓNISOS

Ora aí está! É a isso que se destina a tua missão de vigilância! Pode ser que as apanhes, a menos que antes sejas tu apanhado.

PENTEU

Leva-me pelo meio do território de Tebas. Dentre todos, sou o único homem que empreende um risco destes.

DIÓNISOS

Tu é que sofres por esta cidade, só tu. Por isso te aguardam as lutas que são necessárias. Avança! Irei como a tua escolta salvadora. De lá, outrem há-de trazer-te.

PENTEU

A que me gerou, certamente.

DIÓNISOS

Para todos verem bem.

PENTEU

Para isso eu vou.

DIÓNISOS

Serás transportado no regresso...

PENTEU

Estás a amimar-me.

DIÓNISOS

... Nos braços da tua mãe.

PENTEU

Estás mesmo a estragar-me.

DIÓNISOS

E de que maneira!

PENTEU

É o que eu mereço[54].

(Penteu começa a retirada)

[54] As observações e respostas do deus, e por último as do próprio Penteu, ao longo deste diálogo estão cada vez mais carregadas de ironia dramática, que culmina na *antilabê* final: "De lá outrem há-de trazer-te" (v. 966), "serás transportado no regresso" (v. 968), "é o que eu mereço" (v. 970).

DIÓNISOS

Maravilha que tu és, e maravilha é o sofrimento para que caminhas, de tal modo que ao erguer-te ao céu encontrarás a glória. *(Diónisos volta-se para o lado do Citéron)* Estende, ó Agave, os braços, tu e as filhas de Cadmo, da mesma origem nascidas! Levo o jovem que aqui está para a magna contenda, de que sairei vencedor, eu e Brómio. O resto, os acontecimentos o demonstrarão.

(Diónisos sai)

CORO

Ide, ó mastins velozes da Loucura, ide[55] *estrofe*
para a montanha, onde as filhas de Cadmo conduzem o tíaso,
enchei-as de excitação
para com o enlouquecido espião das Ménades,
vestido à maneira das mulheres.
De um liso rochedo ou vigia,
primeiro que todas,
avistá-lo-á a espiar a mãe e às Ménades há-de apelar:
Quem é este que vem à montanha,
à montanha, ó Bacantes, este perseguidor
das filhas de Cadmo que correm os montes? Quem o gerou?
É que ele não nasceu
de sangue de mulher; de uma qualquer leoa
ou Górgona da Líbia vem sua raça.

Que a Justiça avance bem clara, que avance de espada na mão,
trespassando a garganta, com golpe mortal,

---

[55] O quarto estásimo está composto em dócmios, como é próprio dos momentos de grande excitação. Também aqui, como no estásimo anterior, se fez uso do refrão.

Na estrofe, o Coro principia por invocar os mastins da loucura, ou seja, de Lyssa (a mesma deusa que aparece *ex machina* a meio de outra tragédia de Eurípides, *Héracles*, para transtornar por completo o grande herói) e visualiza os primórdios da cena que está a decorrer no Citéron. Depois do canto do refrão, insuflado do espírito de vingança, a antístrofe generaliza a situação: castigo dos que se opuseram a Diónisos, elogio da mediania e da reverência aos deuses.

No epodo, são referidas de novo as formas animalescas que Diónisos pode assumir, e invocado o enigmático sorriso de Baco, que recorda o do v. 439.

do ímpio, do fora da lei, do injusto,
filho de Equíon, da terra nascido.

Aquele que com espírito injusto e fúria fora da lei *antístrofe*
contra o teu culto, deus das Bacanais, e de tua mãe,
com louco intento
e vontade transviada avança,
como quem vai dominar à força o que é invencível,
para esse, a morte é correctivo dos seus propósitos.
Mas aceitar sem pôr em dúvida
o que é dos deuses, como convém a mortais, é uma vida sem
[penas.
Não invejo a sabedoria.
Gosto de andar atrás de outros bens, grandes
e visíveis. Oh! Levar uma vida em beleza,
dia e noite,
ser puro e reverente, rejeitar costumes
fora da lei, aos deuses prestar honras!

Que a Justiça avance bem clara, que avance de espada na mão,
trespassando a garganta, com golpe mortal
do ímpio, do fora de lei, do injusto,
filho de Equíon, da terra nascido.

Aparece com a forma de touro *epodo*
ou serpente multifauce ou leão ignispirante.
Vai, ó Baco, com teu rosto sorridente,
e ao caçador das Ménades rodeia-o com teu laço
mortífero, quando ele tombar
na manada das Bacantes.

(Entra o Segundo Mensageiro, vindo do Citéron)

SEGUNDO MENSAGEIRO

Ó palácio que outrora eras feliz à vista da Hélade, casa do velho de Sídon, o que semeou no solo, a messe nascida da terra do dragão, a Serpente,[56] como te lamento, apesar de ser um

[56] Mais uma vez se alude à lenda das origens de Tebas e do nascimento dos Espartos.

escravo! Mesmo assim, [para escravos honestos, são seus os desgostos dos amos][57].

CORO

Que se passa? Trazes notícias das Bacantes?

SEGUNDO MENSAGEIRO

Morreu Penteu, filho de seu pai Equíon.

CORO

Brómio soberano, mostraste que és um grande deus!

SEGUNDO MENSAGEIRO

Que palavras são as tuas? Que disseste? Acaso te alegras ó mulher, com as desgraças dos meus amos?

CORO

Como estrangeira, solto um grito de êxtase em bárbara melodia. De medo dos grilhões não mais tremerei.

SEGUNDO MENSAGEIRO

Julgas que Tebas é assim desprovida de homens[59]?

....

CORO

É Diónisos, é Diónisos, e não Tebas, que detém minha força.

---

[57] O v. 1028 foi atetizado por Dobree, como interpolação vinda do v. 54 de *Medeia* .

[58] O Coro tem um primeiro momento de euforia, que espanta o Mensageiro, mas que este acaba por compreender, embora não possa deixar de o censurar (vv. 1039-1040)

[59] A lacuna foi assinalada por Brunck e Seidler. O verso está incompleto, e provavelmente falta outro ainda.

SEGUNDO MENSAGEIRO

Perdoável é a tua atitude. Mas regozijar-se com o mal praticado não fica bem, ó mulheres.

CORO

Diz-me, conta-me, como foi o fim desse homem injusto, e de injustiças executor.

SEGUNDO MENSAGEIRO

Depois que deixámos as paragens desta terra de Tebas e passámos a torrente do Asopo, começámos a ascensão das vertentes do Citéron, Penteu juntamente comigo — pois eu seguia o meu senhor —, bem como o estrangeiro, que guiava a nossa expedição.

Detemo-nos primeiro num vale relvado, abafando qualquer ruído dos passos ou da voz, para vermos sem sermos vistos. Havia aí uma ravina apertada entre rochas, humedecida por águas, por abetos ensombrada: era lá que as Ménades se sentavam, com as mãos entregues a doces trabalhos.

Havia umas que coroavam de novo com festões de hera o tirso desguarnecido; outras que entoavam à compita báquicas melodias, como se foram poldros libertos do colorido jugo. O desgraçado de Penteu, que não vira a turba feminil, proferiu estas palavras: "Estrangeiro, do lugar onde estou, a minha vista não alcança estas refalsadas Ménades. Mas, subindo aos penhascos e trepando a um abeto altaneiro, então poderei ver bem o impudor das Ménades".

Logo a partir de então, vejo o prodígio do estrangeiro: pega no extremo de um ramo de abeto lá das alturas e vergou-o, vergou-o, vergou-o até ao negro solo[60]. Dobrava-o como um arco ou como uma roda bem redonda que faz o seu percurso delineando um círculo com o compasso[61]. Assim o estrangeiro, com as

[60] O original repete o verbo três vezes, primeiro na forma composta, depois na simples. Exemplo único no diálogo trágico, como nota Dodds, *ad. loc.* "sugere a lenta descida do cimo da árvore". A anáfora simples, essa, era suficientemente comum em Eurípides para motivar a paródia de Aristófanes.

[61] Este passo cheio de formas épicas contém dois símiles à maneira homérica, dos quais o segundo só permite uma tradução conjectural, baseada na possibilidade da equivalência de τόρνῳ ao compasso dos antigos e no modo

suas mãos, dobrou até chegar à terra o tronco das montanhas, praticando um acto inacessível aos mortais. A Penteu instalou sobre os ramos do abeto e solta das mãos a árvore, deixando-a erguer-se, direita, sem tremer, velando por que não derrubasse o seu cavaleiro. Elevou-se, bem alto, nas alturas do ar[62], com o meu amo a cavalo nas suas costas. Estava mais para ser visto, do que para ser ele que avistava as Ménades. Quando assim estava prestes a tornar-se visível lá do cimo, e já não era possível ver o estrangeiro, uma voz clamou lá dos ares, Diónisos, ao que parece: "Jovens, trago-vos aquele que lançou a irrisão sobre nós e sobre mim e os meus rituais. Castigai-o vós!" Enquanto assim dizia, uma luz de um fogo sagrado[63] se ergueu entre o céu e a terra.

O ar, nas alturas, manteve-se em silêncio, em silêncio manteve as suas folhas a floresta da ravina; não se ouvia o grito de uma só fera. Sem terem apreendido claramente o som, ergueram-se e voltavam os olhos para todos os lados. Segunda vez ele deu ordens. Logo que as filhas de Cadmo perceberam com clareza que era Baco que as mandava, partiram; não menos velozes do que uma pomba eram os pés que as levavam na sua corrida impetuosa — Agave, a mãe, as irmãs, do mesmo sangue nascidas, e as Bacantes todas. Atravessam de um salto a torrente da ravina e os rochedos, enlouquecidas pela inspiração do deus. Assim que viram o meu senhor montado no abeto, lançaram-lhe primeiro pedras com toda a força do alto da torre de rochedos onde haviam trepado, depois atiraram-lhe com ramos de abeto. Outras desfecham os tirsos pelo ar contra Penteu, o mísero alvo; mas não o atingiam. É que fora do alcance do seu zelo, estava o infeliz, apanhado sem poder escapar. Por fim, quebram ramos de

---

como se traçava uma roda. Willink, «Some problems», 237-240, oferece a este propósito uma complexa explicação que envolve uma alteração no texto, lendo ἔγχυρτον τροχὸς por ἢ χυρτὸς τροχὸς em 1066.

[62] Literalmente é "direito no ar direito". Traduzimos por "bem alto nas alturas" para permitir usar também palavras da mesma família.

[63] Mais uma vez aparece a ligação entre Diónisos e o fogo (supra vv. 596-603 e 757-758). Assim parece ter sucedido também na tragédia de Ésquilo, *Bassarae* , fr. 31 Mette e no fr. 70 b 15 Snell de Píndaro. Vide Walter Burkert, *Griechische Religion der archaischen und klassischen Epoche* (Stuttgart 1977), 108.

carvalho, tal como um raio, e tentam levantar as raízes, como se fosse com alavancas sem ferro[64]. Como, porém, não atingiam o alvo dos seus esforços, disse Agave: "Vamos, ponde-vos em toda a volta e agarrai no tronco, ó Ménades, para apanharmos a fera trepadora, a fim de que ele não vá revelar as danças secretas do deus". Milhares de mãos se deitaram ao abeto e o arrancaram da terra. Sentado nas alturas, das alturas é atirado e, no meio de milhares de gritos, cai ao chão Penteu. Bem compreendera que a desgraça estava perto.

A primeira a começar o ritual do morticínio é a mãe, que cai sobre ele[65]. Penteu atira com a mitra que tinha sobre o cabelo, para que, reconhecendo-o, o não imolasse a desventurada Agave. Toca-lhe na face e diz[66]: "Sou eu, ó mãe, o teu filho Penteu, a quem deste à luz no palácio de Equíon. Compadece-te de mim, ó mãe, não sacrifiques o teu filho por causa dos meus desvarios."

Com a boca a espumar e revolvendo os olhos em todas as direcções[67], sem saber pensar direito, e dominada por Baco, não a persuadiu o filho. Agarra-lhe o antebraço esquerdo, apoia o pé no flanco do desventurado e desarticula-lhe o ombro, não pela sua própria força, mas pela destreza que o deus infundira em suas mãos.

Do outro lado actuava Ino, dilacerando as carnes. Antónoe e o bando todo das Bacantes assenhoreavam-se dele. Por todos

---

[64] Traduzimos συγκεραυνοῦσαι do verso 1103 por "tal como um raio", para sugerir a força sobrenatural das Ménades. Poderá também entender-se que elas actuam sobre o raio com o poder de Diónisos, como supõe Dodds. Temos, no entanto, de reconhecer, com Kirk, que o cortar dos ramos é aqui estranho.

[65] Principia aqui o ritual do *sparagmos*, a que aludimos na introdução.

[66] Dodds observa que, com o retirar da mitra, Penteu recupera o equilíbrio e se arrepende, compreendendo enfim o alcance do seu erro. Não vemos razão para rejeitar, como Kirk, esta interpretação, nem para a antecipar para 1101-1102, como Jeniffer March, "Euripides' Bacchae", 59. Deve notar-se, de qualquer modo, que a palavra-chave deste passo é *hamartia*, que Aristóteles, em passo famoso e muito discutido da *Poética* (1453 a 16), dá como condição para o perfeito herói trágico.

Repare-se ainda no gesto de Penteu ao tocar na face da mãe, que evoca a atitude de súplica.

[67] Os sintomas de delírio báquico correspondem aos de outros estados psíquicos anormais, como os do ataque de epilepsia descrito por Hipócrates em *Da doença sagrada* 7 nos mesmos termos (texto mencionado por Dodds no seu comentário).

os lados se erguia um clamor: ele gemia com o alento que lhe restava, elas soltavam gritos de triunfo. Levava uma o braço, outra um pé ainda calçado. Desnudavam-se as costelas dilaceradas pelas unhas. Todas as mãos estavam ensanguentadas das carnes de Penteu atiradas como quem joga à bola.

Jaz o corpo espalhado em pedaços, parte sob abruptos rochedos, outra parte na folhagem da floresta profunda, sem que seja fácil procurá-lo. A mísera cabeça, que coube à mãe agarrar com as suas mãos, espetou-a ela na ponta do tirso[68] e leva-a pelo meio do Citéron, como se fosse de um leão das montanhas, deixando ficar as irmãs na dança das Ménades. Avança jubilosa com os malfadados despojos, a caminho destas muralhas, invocando Baco como companheiro de caça, como colaborador na perseguição, como o que lhe outorgou o triunfo. Mas de lágrimas é o troféu que lhe leva.

Por mim, afasto-me para fora desta calamidade, antes que Agave chegue ao palácio. O melhor de tudo é ser sensato e venerar os deuses. E creio também que é a mais sábia das práticas para os mortais que dela usarem[69].

(Sai o Segundo Mensageiro)

CORO

Dancemos em honra de Baco,
proclamemos bem alto o desastre
de Penteu, descendente do dragão!
Daquele que envergou vestes mulheris,
e empunhou o nártex, penhor do Hades,
em tirso transformado[70],
com um touro à frente, a conduzi-lo à desgraça.
Bacantes do país de Cadmo,
o glorioso hino da vitória transformastes

---

[68] Uma vez que os pintores, ao ilustrar a cena, mostram sempre a cabeça de Penteu agarrada pelos cabelos, Dodds supõe que espetá-la no tirso terá sido uma inovação de Eurípides.

[69] O próprio jogo vocabular ·(κάλλιστον – σοφώτατον) das reflexões finais do Mensageiro remete o espectador para as perguntas do refrão usado pelo Coro no Estásimo terceiro, v. 877=897: τί τὸ σοφόν; ἢ τί τό κάλλιον;

[70] O nártex é a cana de funcho, que o festão de hera transforma em tirso.

em gemidos e lágrimas.
Belo combate, abraçar um filho
com a mão a gotejar sangue.

Mas eis que avisto, apressando-se direita ao palácio,
de Penteu a mãe, Agave, revolvendo os olhos.
Recebei o cortejo do deus báquico!

(Entra Agave, em desalinho, e de olhar transtornado, trazendo nas mãos a cabeça de Penteu)

AGAVE

Bacantes da Ásia! *estrofe*

CORO

Porque me desinquietas, ai!

AGAVE

Das montanhas trazemos
um festão de hera para o palácio,
feliz caçada[71]!

CORO

Bem vejo e acolho-te como companheira de cortejo.

AGAVE

Apanhei-a sem redes,
esta tenra cria <de um leão selvagem>,
como se pode ver.

---

[71] O delírio de Agave, reconhecido nos sinais externos dos olhos revolvidos (vv. 1166-1167), manifesta-se agora, em todo o diálogo lírico, pela confusão que faz entre os cabelos encaracolados de Penteu e um festão de hera.

CORO

Em que lugar deserto?

AGAVE

O Citéron ...

CORO

O Citéron?

AGAVE

...o matou.

CORO

Quem o abateu?

AGAVE

A mim coube primeiro a honra.
No tíaso chamam-me a bem-aventurada Agave.

CORO

Quem mais o abateu?

AGAVE

De Cadmo ...

CORO

De Cadmo o quê?

AGAVE

... a descendência,
mas depois de mim, depois de mim,
alcançou a fera. Feliz caçada foi esta[72]!

---

[72] Wilamowitz conjecturou a perda de dois versos, que conteriam o comentário do Coro. Assinalámos a lacuna, por estar também no texto de Murray, mas a hipótese é desnecessária, conforme observa Dodds, tanto mais que há perfeita correspondência com a antístrofe.

CORO

....

....

AGAVE

Participa na festa! *antístrofe*

CORO

Quê? Participo, ó desgraçada[73]?

AGAVE

O touro é novo[74],
mal desponta no queixo
o tenro pêlo que lhe coroa a cabeça.

CORO

O pêlo dá-lhe o ar de uma fera agreste.

AGAVE

Baco caçador,
com senso e saber, aproximou da fera
que aqui está as Ménades.

CORO

É que o nosso soberano é um caçador.

AGAVE

Louva-lo?

---

[73] A festa era a omofagia, que o Coro, naturalmente, repele.

[74] O termo ὄσχος pode aplicar-se a crias de outros animais, pelo que pode não haver contradição com a convicção de Agave de que foi a cabeça de um leão que ela trouxe.

CORO

Louvo.

AGAVE

Em breve os filhos de Cadmo...

CORO

E teu filho Penteu ...

AGAVE

...Elogiará a mãe,
por ter apanhado uma caça como esta, a cria de um leão.

CORO

É coisa especial.

AGAVE

E de especial maneira.

CORO

Regozijas-te?

AGAVE

Felicito-me,
por ter levado a termo, nesta caçada,
grandes feitos, e manifestos.

CORO

Mostra então aos cidadãos, desgraçada, a caça triunfal que vieste trazer.

AGAVE

Ó vós que habitais a cidade de Tebas de altas torres! Vinde cá ver esta fera que nós caçámos, nós, a filha de Cadmo, não com os dardos de correias de couro dos Tessálios, nem com redes, mas com as lâminas brancas das nossas mãos. E, depois disto, poderão os caçadores vangloriar-se das armas que em vão adquiram aos seus fabricantes? Nós, foi com as nossas próprias mãos que o apanhámos e que pusemos em bocados os membros da fera.

Onde está o meu idoso pai? Que se aproxime! E Penteu, o meu filho, onde se encontra? Que ele suba os degraus de uma escada encostada à casa, a fim de pregar nos triglifos[75] esta cabeça do leão caçada por mim, que aqui estou.

(Entra Cadmo, acompanhado de servos que transportam um esquife com restos de Penteu)

CADMO

Segui-me, ó vós que trazeis esse fardo miserando de Penteu, segui-me, ó servos, para a frente do palácio. *(Apontando para o esquife)* É dele este corpo que aqui trago, depois de ter penado em buscas infindas, e de o ter encontrado desfeito em pedaços nos recessos do Citéron. Não houve um só bocado que apanhasse no mesmo lugar do solo: jaziam pela floresta, em sítios inacessíveis.

É que eu ouvi alguém falar dos arrojados cometimentos das minhas filhas, quando já estava de regresso às muralhas da cidade, vindo da companhia das Bacantes com o velho Tirésias. De novo volto à montanha, e trago o filho morto por obra das Ménades. Avistei ainda aquela que outrora gerou para Aristeu Actéon, Autónoe, e, juntamente com ela, Ino, essas desgraçadas, ainda sob o aguilhão do delírio, no meio dos bosques. Quanto à outra, Agave, alguém me disse que os seus báquicos passos se moviam para aqui, e o que ouvimos não era inexacto. Pois é ela que eu vejo, visão bem deplorável.

AGAVE

Bem podes, ó pai, gloriar-te acima de todos, por teres dado o ser àquelas que são, de longe, as filhas mais valentes de entre os

[75] Os triglifos são os colunelos que separam as métopas de um friso em estilo dórico. Na verdade, era nos intervalos das métopas que se penduravam os despojos.

mortais. A todas eu incluo, e a mim em especial, eu que abandonei a lançadeira junto do tear e me elevei a mais altos feitos, a caçar feras pelas minhas mãos. Nos braços transporto, como vês, este troféu máximo, que apanhei, a fim de que seja pendurado na frente do palácio. Recebe-o, ó pai, nas tuas mãos. Orgulha-te da minha caçada e convida para um festim os teus amigos. Bem-aventurado és, oh! Bem-aventurado, graças aos feitos por nós cometidos.

CADMO

Ó dor desmedida, para que nem olhar se pode, ó crime cometido por mãos miserandas[76]! É bela a vítima que abateste para os deuses, e é para uma festa que convidas esta cidade de Tebas e a mim! Pelos teus males desgraçado, sou-o, em seguida, pelos meus também! Como o deus nos deitou a perder, com razão, é certo, mas em demasia — Brómio soberano, de nossa família nascido[77]!

AGAVE

Como entre os homens a velhice é acrimoniosa e de olhar carrancudo! Quem me dera que o meu filho fosse um bom caçador, com habilidade igual à mãe, quando, na companhia de jovens Tebanos, se dispusesse a apanhar feras! Mas a única coisa que sabe fazer é lutar contra os deuses. Precisas de o repreender, ó pai! E se alguém o fosse chamar para comparecer à minha vista, a fim de contemplar a minha bem-aventurança[78]?

---

[76] Como observa Dodds, as palavras de Cadmo retomam em parte as de Agave, repondo-as na terrível realidade, ou por oposição ("dor desmedida" substitui "bem-aventurado") ou por repetição num contexto que lhes muda o valor ("cometido").

[77] Um ponto central da interpretação do drama: Cadmo reconhece a justiça do castigo divino, mas não deixa de apontar o seu exagero. É "a voz da humanidade" como escreve Dodds *ad locum*, comparando esta atitude com a de *Ájax* 951. Note-se como as últimas palavras, com um valor quase concessivo (οἰκεῖος γεγώς "de nossa família nascido") acrescentam um tom ainda mais patético ao lamento.

[78] Prosseguindo no seu delírio, Agave termina o seu discurso com uma palavra-chave desta peça — εὐδαιμονία (1258). Em toda esta fala, a ironia atinge quase o grotesco.

CADMO

Ai! Ai! Quando descobrires o que fizeste, terrível será a tua dor. Mas se até ao fim persistires sempre no estado em que te encontras, não direi que és feliz, mas que a tua desgraça não é tão grande.

AGAVE

Em tudo isto, que é que não está certo ou é motivo de dor?

CADMO

(Apontando para o alto) Primeiro que tudo, ergue os olhos para o céu[79].

AGAVE

(Erguendo os olhos para o céu) Pronto! Porque me mandaste olhar para lá?

CADMO

Parece-te que é o mesmo ou que se modificou?

AGAVE

Está mais brilhante do que dantes e mais translúcido.

CADMO

E ainda tens esse arrebatamento na alma?

[79] Após o primeiro assomo de desconfiança de Agave (v. 1263), principia aqui a famosa cena da chamada à realidade da desvairada filha de Cadmo, sobre a qual vide G. Devereux, "The psychotherapy scene in Euripides' Bacchae", que conclui (p. 17): "A cena de psicoterapia nas *Bacantes* é clinicamente sem defeitos e persuasiva". Por sua vez Dodds comenta *ad locum* que "todo o diálogo está soberbamente imaginado" e recorda que Goethe, que considerava esta a melhor peça de Eurípides, escolheu os vv. 1244-1298 para traduzir em verso alemão como exemplo.

AGAVE

Não entendo as tuas palavras. Mas, de algum modo, estou a ficar consciente e a libertar-me do meu pensar anterior.

CADMO

Serás capaz de ouvir e responder com clareza?

AGAVE

Realmente, já me esqueci do que dissemos antes, meu pai.

CADMO

Qual foi a casa em que entraste para casar?

AGAVE

A Equíon, descendente, ao que dizem, dos Dentes do Dragão, me deste em casamento.

CADMO

E então qual foi o filho que nesse lar geraste para o teu esposo?

AGAVE

Penteu, saído da união entre mim e o pai.

CADMO

E agora de quem é a cabeça que tens nos braços?

AGAVE

É de um leão. Pelo menos, foi o que afirmaram as suas caçadoras.

CADMO

Olha bem a direito. Pequeno é o esforço de olhar.

AGAVE

(Fita o seu troféu e faz um gesto de horror) Céus! Que vejo? Que é que eu trago nas mãos?

CADMO

Olha bem de perto, a ver se percebes melhor.

AGAVE

(Muito agitada) O que eu vejo é a maior das dores, desgraçada de mim!

CADMO

De certeza que não te parece semelhante a um leão?

AGAVE

Não. É a cabeça de Penteu, ó desgraçada, que aqui tenho.

CADMO

Por mim panteada, antes de tu a reconheceres.

AGAVE

Quem o matou? Como veio ter às minhas mãos?

CADMO

Deplorável verdade, como chegaste fora do tempo!

AGAVE

Fala, que o meu coração está em sobressalto.

CADMO

Foste tu que o mataste, tu e as tuas irmãs.

AGAVE

Onde morreu? Em casa? Ou em que lugar?

CADMO

No sítio onde outrora os cães dividiram os pedaços de Actéon[80].

AGAVE

E que foi esse desgraçado fazer ao Citéron?

CADMO

Foi lá para escarnecer do deus e dos teus rituais báquicos.

AGAVE

E nós, como é que abordámos essas paragens?

CADMO

Estáveis em delírio, e toda a cidade se encontrava possessa de Baco.

AGAVE

Diónisos nos deitou a perder, agora o compreendo.

CADMO

Para castigar a vossa insolência, já que não reconhecíeis nele um deus.

[80] O mito de Actéon dilacerado pelos próprios cães, até certo ponto prefiguração do destino de Penteu, regressa aqui como uma maldição familiar que atingia os parentes de Cadmo. No v. 1227, o velho rei, ao começar a enumeração das Bacantes, antepõe ao nome de Autónoe, como um epíteto prenunciador de desgraça, que era "aquela que outrora gerou para Aristeu Actéon".

AGAVE

E onde está, ó pai, o amado corpo de meu filho?

CADMO

Andei à procura dele, com grande dificuldade, e aqui o trago.

AGAVE

E está tudo bem reconstituído, membro a membro[81]?

....

AGAVE

E qual foi a parte do meu desvario que coube a Penteu?

CADMO

Foi igual para ambos, por não prestardes culto ao deus. Por isso ele nos envolveu todos numa só acusação, a vós e a Penteu, donde resultou a ruína da minha casa e minha, já que, privado da descendência masculina, vejo agora este fruto do teu ventre, ó desgraçada, perecer da forma mais afrontosa e vil. Era por ele

---

[81] Os editores supõem aqui a existência de uma lacuna, uma vez que era de esperar, nesta longa *stichomythia*, a resposta negativa de Cadmo (apenas Murray sugere, no seu aparato crítico, que talvez fosse mais apropriado neste ponto o silêncio de Cadmo). Duas fontes distintas, o resumo do final da peça pelo retor Apsines (séc. III d.C.) e um trecho do *Christus Patiens* (sobre o qual vide supra, nota 19), levam a crer que Agave recompunha em cena os fragmentos do corpo do filho e dirigia um lamento especial a cada um. Discute-se porém, se era neste passo que se localizava o horripilante acto (Robert, Kirk, March), ou depois do v. 1329 (Wilamowitz, Murray, Dodds). Por sua vez, Willink, «Some problems» 44-46, nega a execução em cena de um processo sem exemplo no teatro grego que seria, pensa ele, se não γελοῖον, pelo menos μιαρόν. Segundo este autor, nada nos obriga à suposição de que a *compositio membrorum* se faria à vista dos espectadores: apenas o ajustamento da cabeça ao corpo. Mais recentemente, J. March, "Euripides' Bacchae", 63, seguindo P. Easterling, presume que tal cena marcaria a reintegração dos valores humanos perante o sofrimento da morte. Não nos parece, todavia, que entre os vv. 1300-1301 possa haver mais que uma breve resposta de Cadmo, uma vez que Agave ainda não terminou o interrogatório que a leva ao conhecimento da terrível realidade.

que a casa respirava[82]. *(Dirigindo-se ao cadáver)* Eras tu, ó filho, que sustentavas o nosso palácio, tu que nasceras de uma filha minha e eras o terror da cidade.Ao velho que aqui está, ninguém intentava ultrajar, ao ver o teu rosto, pois lhe davas o merecido castigo. E agora, privado de honra, serei exilado do meu palácio, eu, Cadmo, o grande, aquele que semeou a raça tebana, o que colheu a mais formosa messe[83]. Ó mais caro dos homens — pois, mesmo morto, contarás para mim entre os que me são mais caros, ó filho — não mais hás-de tocar com as mãos nesta barba, chamar-me pai da tua mãe, abraçar-me e dizer: "Quem te ofende, quem te desrespeita, ó ancião? Quem te aflige e perturba o teu coração? Diz, para eu castigar quem te fez mal, ó pai". Agora sou um infeliz, e tu um desgraçado, mísera mãe é a tua, desditosos os teus parentes. Se há aí alguém que desdenhe dos deuses, que ponha os olhos nesta morte e creia na divindade.

CORO

Dói-me a tua sorte, ó Cadmo. Justa é a pena do filho de tua filha, mas dolorosa para ti[84].

AGAVE

Tu vês, ó pai, como a minha vida mudou.[84]

(Diónisos aparece na "mechane")

DIÓNISOS

....
....Hás-de mudar-te em serpente e a forma

---

[82] O texto diz "via". Dodds, *ad locum* , cita a este propósito vários paralelos do próprio Eurípides que comprovam este emprego metafórico do verbo, que considera o herdeiro como os olhos da casa. Escrevemos, em vez disso, "respirava" como metáfora mais usual em português para exprimir a mesma noção.

[83] Sobre esta lenda já várias vezes referida, vide infra, nota 85.

[84] A lacuna maior é sem dúvida esta (talvez de 50 versos, ou seja o equivalente a duas colunas do papiro), uma vez que o *deus ex machina* já vai adiantado na profecia em que, como é habitual nas tragédias euripidianas, se anuncia o destino das figuras principais. A avaliar pelo argumento antigo e pelo *Christus Patiens,* devia aqui predizer-se que os descendentes de Cadmo seriam um dia expulsos da sua cidade, e Agave e as irmãs deviam abandoná-la de imediato (cf. v. 1365). Para uma tentativa de reconstituição da profecia, a partir de fragmentos do *Christus Patiens*, vide Willink, «Some problems» 46-49.

de um animal ofídio tomará tua mulher Harmonia, filha de Ares, a quem, sendo mortal, desposaste. Com tua esposa hás-de conduzir um carro de bois, segundo reza um oráculo de Zeus, como chefe de bárbaros. Muitas serão as cidades que derrubarás com teu incontável exército. Mas quando saquearem o oráculo de Lóxias, miserando será o regresso que terão. Salvar-te-á Ares, a ti e a Harmonia, e para a terra dos bem-aventurados transferirá a vossa existência[85].

---

[85] A profecia respeitante a Cadmo e Harmonia, única parte que se conserva, parece reunir elementos díspares, tal a sua complexidade.

A tradição mitológica dizia que Cadmo, filho de Agenor, viera de Sídon e fundara a cidade de Tebas (cf. supra, vv. 170-172) e semeara os dentes do dragão. Dessa sementeira brotaram homens armados, que ele conseguiu aniquilar, fazendo-os lutar uns contra os outros. Os cinco sobreviventes, os Spartoi ("homens semeados") tornaram-se os antepassados da nobreza de Tebas. A >estes acontecimentos se referem os vv. 263-265 e 1314-1315. À sua qualidade de introdutor do alfabeto (as "letras fenícias", de que fala Heródoto 5. 58) não se alude na peça.

Cadmo desposou Harmonia, filha de Ares e Afrodite, e, como tal, veio a ser incluído naquele restrito grupo de mortais a quem era concedido um além feliz, devido ao seu parentesco com os deuses (do primeiro exemplo, Menelau, diz-se expressamente na *Odisseia* IV. 561-569 que será arrebatado para a Planura Elísia porque possui Helena e, aos olhos dos deuses, é genro de Zeus. Na *IIª Olímpica* 68-80 Píndaro enumera Cadmo entre os homens justos a quem foi dada a recompensa de viver na Ilha dos Bem-aventurados (ou Ilhas, segundo tentámos provar em "Textkritisches zu Pindar Ol. 2.76-77" in: *Miscellanea Critica* , Deutsche Akademie der Wissenchaften, Berlin 1964, 240-243). Precisamente nesse texto se fundem, pela primeira vez, que saibamos, as crenças distintas quanto a esse local de delícias, a dos Campos Elísios e a das Ilhas dos Bem-aventurados. (No nosso livro, *Concepções Helénicas de Felicidade no Além, de Homero a Platão* (Coimbra, 1955), 66, discutimos esse ponto, bem como a variedade de tradições a esse respeito presente no teatro de Eurípides (*ibidem*, pp. 69-71 e 140 e nota 4, onde se refere também o passo das *Bacantes* em apreço). O que é curioso no presente caso é que Cadmo parece não considerar essa regalia um benefício. Pelo contrário, acrescenta desalentadamente: "nem sequer navegarei pela corrente do Aqueronte abaixo, para aí encontrar a paz" (vv. 1361-1362). A esse propósito, Dodds comenta que "está psicologicamente certo: às vítimas mortais do deus nenhum conforto restava senão a sua mortalidade (...) e o cansado ancião até disso se vê privado".

Quanto aos restantes elementos, temos a transformação em serpente, cuja duração não fica clara na profecia, e que poderá estar relacionada com a função de deusa do palácio, exercida por Harmonia em tempos micénicos (Nilsson, *Minoan-Mycenaean Religion* , ^{2}1950, 310 sqq.). Dodds, que cita aquele autor, aventa ainda, com base sobretudo em Heródoto 5.61, que o exílio de Cadmo e Harmonia pode reflectir a queda da realeza micénica e o declínio dos cultos a ela

Quem profere estas palavras é Diónisos, filho, não de um pai mortal, mas de Zeus. Se tivésseis sabido ter senso, o que não quisestes, poderíeis ser felizes, tendo por aliado o filho de Zeus.

CADMO

Diónisos, nós te imploramos! Cometemos um erro!

DIÓNISOS

Tarde nos compreendestes. Quando era altura, não nos conhecíeis.

CADMO

Bem o sabemos. Mas excessivo é o teu castigo.

DIÓNISOS

Mas é que, sendo um deus, fui por vós insultado.

CADMO

Não devem os deuses igualar a sua ira à dos mortais[86].

---

associados, que Cadmo e a sua horda de bárbaros poderá identificar-se com os Εγχελεῖς que Hecateu (fr. 73 Jacoby) localizou no Epiro setentrional e outros autores mais tardios na Albânia ou no Montenegro, o que explicaria a presença do carro de bois, destinada a fornecer a etimologia da cidade de Βουθόη na Ilíria, que se dizia fundada por Cadmo. Esta parte da profecia, contida no oráculo de Zeus, é continuada por outro de Apolo (Lóxias), que advertia dos perigos de saquearem o santuário de Delfos.

Merece especial referência a dor de Cadmo pelo facto de estar condenado a atacar o que ele considera o seu próprio país, "os túmulos e altares helénicos" no meio dos bárbaros (vv. 1354-1356).

[86] Eurípides pusera na boca do servo de *Hipólito* , v. 120, uma censura a Afrodite ainda mais evidente: "Pois os deuses devem ser mais sensatos do que os mortais". Muitos autores vêem nestes passos uma crítica aberta à religião. Mas os deuses gregos são impassíveis e, por isso mesmo, inflexíveis. "Não precisamos de concluir que o poeta nega os seus títulos à veneração: fazê-lo seria confundir a concepção grega de divindade com a cristã" — observa Dodds *ad locum*.

DIÓNISOS

Há muito que Zeus, meu pai, aprovou estes acontecimentos.

AGAVE

Ai! Ai! Está decretada, ó ancião, a nossa desventurada fuga.

DIÓNISOS

E então porque hesitais ante a força da necessidade?

CADMO

(Voltando-se para Agave) Ó filha, a que extremos de desgraça chegámos <todos>[87], tu, ó desgraçada, e as tuas irmãs, e o desventurado que eu sou. Já velho, irei para o meio dos bárbaros como um estrangeiro. E sobre mim impende ainda a profecia divina de arrastar contra a Hélade uma expedição de uma mescla de bárbaros. E, à frente das lanças, hei-de conduzir a filha de Ares, Harmonia, minha esposa, contra os altares e túmulos helénicos, eu, uma serpente, a ela, com a forma selvagem de uma serpente. Não cessarão os meus males, pobre de mim, nem sequer navegarei pela corrente do Aqueronte abaixo, para aí encontrar a paz[88].

AGAVE

(Abraçando-se a Cadmo) Ó pai! E eu, privada de ti, hei-de ir para o exílio!

---

[87] A palavra do v. 1353 que traduzimos por "todos" falta no manuscrito, mas vem preencher uma lacuna métrica, além de completar o sentido da frase. A proposta de emenda é de Kirchhoff, que se baseou no texto do *Christus Patiens* referido supra, nota 19.

[88] Sobre o significado deste protesto, vide supra, nota 85. O Aqueronte, um dos rios do inferno grego, é muitas vezes tomado como o símbolo do próprio reino dos mortos.

CADMO

Porque lanças os braços em volta de mim desventurada filha, e, tal como o alvo cisne, proteges este ser indefeso que eu sou[89]?

AGAVE

Arrancada da pátria, para onde hei-de voltar-me?

CADMO

Não sei, filha. De pouca monta é a ajuda de teu pai.

AGAVE

Adeus, ó casa, adeus ó cidade paterna!
Na desgraça te abandono, do meu lar fugitiva.

CADMO

Vai, ó filha, para a casa da mulher de Aristeu[90].

....

---

[89] Os vv. 1364-1365 comparam a atitude de Agave com a de um cisne (κύκνος), ave que era considerada modelo de devoção filial (*Electra* 151 sqq.), e a situação de Cadmo com a de um zângão (κηφήν), como animal incapaz de trabalhar. A *Suda* , léxico do séc. X, esclarece que esta última denominação também podia aplicar-se a um homem sem força para fazer nada. O adjectivo πολιόχρων ('grisalho') está em concordância com κηφῆνα, embora, como observa o dicionário de Liddell-Scott, se aplique à plumagem do cisne (o manuscrito tem o nominativo). A emenda para o acusativo, que Murray adopta, foi feita por Musgrave e, por sua vez, Heath propôs ler o acusativo κύκνον em vez de κύκνος. A edição de R.Y. Tyrrell (London 1936), restaura a versão do códice e comenta, apoiando-se em vários paralelos do próprio Eurípides: "Não há alusão a *idade* , mas só a *cor,* em πολιόχρως. Πολιός, do qual se podia esperar que contivesse antes uma referência à velhice, é aplicado por Eurípides à atmosfera, ao ferro, ao mar e à cor de um cisne (*Héracles* 110); κηφῆνα significa "indefeso" e concorda com με.

É esta última interpretação, apoiada na tradição manuscrita, que seguimos ao traduzir o texto, embora concordemos com Verdenius, «Notes I», 363, que πολιός (a despeito de πολιὸν αἰθέρα em *Orestes* 1376) dificilmente pode sugerir esplendor.

[90] Ao v. 1371 segue-se necessariamente uma lacuna, conforme assinalou Hermann, pois no texto não figura a palavra de que Ἀρισταίου é determina-

AGAVE

Por ti eu gemo, ó pai.

CADMO

E eu por ti, filha,
e por tuas irmãs eu choro.

AGAVE

Horrível foi este ultraje
que sobre a tua casa lançou
Diónisos soberano.

DIÓNISOS

Também eu sofri da vossa parte agravos,
eu, que tenho em Tebas um nome imperecível.

AGAVE

Que passes bem, meu pai!

CADMO

Que passes bem,
pobre filha! Mas dificilmente o conseguirás[91].

---

tivo; mas, sendo Aristeu o marido de Antónoe (supra, vv. 1227-1228), parece mais provável, entre as muitas hipóteses propostas, a de que Cadmo aconselhava a filha a refugiar-se por algum tempo na casa desse familiar, que, segundo Pausânias 10.17.3, deixara Tebas após a morte de Actéon. Willink, «Some problems», 49-50, tenta reconstituir um verso perdido, que mais uma vez ligava o destino de Actéon com o de Penteu, alegando que Aristeu é uma figura demasiado obscura no drama para ser aqui mencionada. Mas neste passo ele aparece apenas como patronímico.

[91] Para manter, dentro do possível, a ambiguidade do texto, traduzimos χαῖρε (fórmula habitual de saudação, à chegada ou à partida, que rigorosamente significa "regozija-te"), por "que passes bem", o que permite o comentário desalentado de Cadmo no v. 1380.

AGAVE

Conduzi-me, vós que me escoltastes, onde eu possa
reunir as desventuradas companheiras de exílio, minhas
[irmãs.
Oxalá eu chegue onde
nem o Citéron tremendo me veja a mim,
nem eu aviste com os meus olhos o Citéron,
nem exista de um tirso a lembrança.
A outras Bacantes o seu culto.

CORO

Muitas são as formas do divino[92]
e muita coisa os deuses fazem sem contar.
Vimos o que esperava não se realizar,
p'ra o que não se sabia o deus achar caminho.
Assim vistes o drama terminar.

[92] Com excepção do primeiro verso (a propósito do qual Winnington--Ingram, *Euripides and Dionysos* , 149, observa que "era, uma conclusão bastante apropriada para uma peça em que um deus proteico se manifestou de formas tão variadas"), as palavras finais do Coro são as mesmas com que encerram *Alceste, Medeia, Andrómaca* e *Helena* . Por sua vez, *Ifigénia entre os Tauros, Orestes* e *Fenícias* têm finais iguais entre si. Tudo isto leva a supor que Eurípides não considerava muito importantes as últimas palavras da peça. Veja--se, no entanto, uma defesa hábil da propriedade destes desfechos em Mary Lefkowitz, " 'Impiety' and 'atheism' in Euripides' Dramas", 80-81.

ÍNDICE